Ediciones Cosmogonías
Buenos Aires

Textos de la profesora Elsa Insogna

Primera edición: 8-IV-1991.
I.S.B.N.: 950-9140-06-6.
Segunda edición: 6-IV-1992.
I.S.B.N.: 950-9140-07-4.
Tercera edición: 2-V-1993.
I.S.B.N.: 950-9140-10-4.
Publicado en la Argentina en 1991 por Cosmogonías S.A.,
Billinghurst 2386,
Buenos Aires, Argentina.
Queda hecho el depósito que dispone la ley Nº 11.723.
© Fotografías 1991, Aldo Sessa.
Impreso en Chile.
Reservados todos los derechos.

Fotografías de Aldo Sessa

ARGENTINA
for export

"ARGENTINA for export"

Aldo Sessa ofrece *"ARGENTINA for export"* para el turista que llega al país con sus alforjas vacías, deseoso de llenarlas de sorpresas y de recuerdos y para los que vivimos aquí, argentinos y extranjeros, que queremos tener muy junto a nosotros los "cuadros" que Dios ha "pintado" en estas benditas tierras junto a las huellas dejadas en ellos por el tiempo y por la obra del hombre.

La cámara pronta y el ojo avizor de Sessa captaron los lugares y los momentos... y aquí están, justamente, las fotos que uno hubiera imaginado obtener si, además de fotógrafo consumado, fuera como él tan buen artista.

Es como si el país todo, se hiciera "portátil"... en las páginas de un libro; las tomas impactantes que contiene, muestran su verdadera fisonomía.

Dejando atrás la rutina de las muy útiles guías turísticas, Sessa avanza sobre los *contrastes visuales*, dando protagonismo a la luz y al color. No duda, para evitar toda monotonía, en llevarnos de un paisaje a otro en la inmensa latitud argentina: de los trópicos al desierto; de los glaciares rugientes a los pastizales pampeanos ondulando en la pradera; de las altas cumbres casi inaccesibles a los paisajes serranos con arroyos cantarinos. Se pasa así del bosque sureño de corte alpino, a la maraña selvática o al monte espinoso de las tierras áridas, sin olvidar los árboles de la ciudad que triunfan sobre la selva de cemento.

En ese juego de contrastes, compiten la paz que emana del campo entrerriano florecido, con las moles amenazantes de los colectivos de la gran ciudad; el imponente uniforme de los granaderos, con el no menos elegante atuendo del gaucho salteño o las preciosidades del apero rioplatense; el rojo vivo de la estrella federal con el color terroso del desierto; la quietud del lago andino, custodiada por montañas y enhiestas pináceas, con la bravura del mar frente a las desnudas costas patagónicas o el estrépito de las cataratas arrojándose en medio de la selva; la dignísima humildad de las iglesias primitivas, con el barroco ostentoso de los templos cordobeses; las escenas bucólicas de los pastores de cabras en la montaña, con la competencia de razas refinadas en las pistas de La Rural en Palermo; el cielo gris, la escarcha y la nieve en la meseta austral, con la puesta del Sol detrás de los palmares tropicales; los extraños monumentos geológicos tallados por las aguas y el viento, con la refinada estatuaria de parques y jardines; el hombre descortezando con el hacha el duro tronco del quebracho y manos de mujeres recogiendo el producto de las viñas; la quieta soledad de una calle en la quebrada, con el agitado movimiento de la urbe desbordante de vehículos y de gente siempre apurada...

Así es que en *"ARGENTINA for export"* conviven el bandoneón y el tango en La Boca, la cúpula de Soldi en el Colón, las carreras en San Isidro, los gritos de la hinchada en "La Bombonera", la doma del potro, el revoleo de ponchos en los arreos pampeanos y una final de polo.

En este ordenamiento por contrastes en el que nada es producto del azar, campea sin embargo una evidente *naturalidad*; es que las cosas son como allí se ven, no tienen "corrección" de laboratorio... La tarea es a la vez, aparentemente, más simple, pero más larga y más intensa; decenas de tomas a veces dan *una* foto que satisface al artista, si es que la dan... Un ejemplo es el de que en este trabajo fueron convocadas todas las provincias argentinas pero el número de imágenes dedicadas a cada una es dispar y *no* atendiendo a su importancia geopolítica; se debe sólo a la cuidadosa elección que Sessa hace de sus tomas y del papel que hace jugar a cada una en este conjunto casi musical de imágenes.

Al asombro, seguirá la curiosidad, y muchos buscarán los medios de incorporar a sus itinerarios futuros muchos de los lugares que Aldo Sessa "describe" manejando los momentos a su gusto y manera...

La primera ayuda la encontrarán en las páginas de *"ARGENTINA for export"*: Una cuidadosa selección de mapas orientan sobre la ubicación de la República Argentina en el mundo, su dilatada extensión, sus distancias internas, la equivalente situación en latitud (en el Hemisferio Sur) con respecto a la de los países y ciudades más conocidos del Globo; también un mapa con la división política territorial del país y cuatro pequeños mapas descriptivos de sus características físicas. El Índice del libro fue confeccionado de acuerdo con la secuencia de las fotos.

El cumplimiento del objetivo de *mostrar al país en sus contrastes*, que persigue el propósito de mantener viva la atención del que recorre las páginas de *"ARGENTINA for export"*, pedía la redacción de un texto que lo vertebrara y sirviera al lector para orientarlo e informarlo acerca de los lugares y temas ilustrados por las fotografías y de su entorno regional dentro del ámbito geográfico argentino; tal es la función de las páginas que preceden en esta obra la presentación del material fotográfico.

Es de esperar que *"ARGENTINA for export"* satisfaga el deseo de "tener a mano" todo lo que argentinos y extranjeros queremos abarcar y disfrutar de este país.

ARGENTINA. El país.

Con una armoniosa distribución de sus accidentes geográficos que permite la fácil comunicación entre los puntos más opuestos y distantes de su inmensidad geográfica; con una feliz distribución de climas, abundancia de tierras laborables, disponibilidad de agua para el riego y para el aprovechamiento energético y un subsuelo rico en hidrocarburos; con una población de buen nivel cultural, sin problemas raciales ni religiosos, de reconocida capacidad técnica y profesional y de aprovechamiento frente a todo lo que el progreso, la civilización y la cultura ofrecen, la Argentina es el país en que hombres venidos de todos los confines de la Tierra, encuentran su hábitat propio.

BUENOS AIRES.
Capital Federal de la República

Cada porteño, hombre o mujer, siente a Buenos Aires como suya y le es muy difícil hablar de ella. Porque Buenos Aires "es así"..., no tiene ni grandes defectos, ni extraordinarias cualidades. Se la ama, y nada más... Buenos Aires son sus calles y avenidas, bien o menos bien pavimentadas; sus barrios modestos, otros menos modestos y los opulentos. Su edificación, elegantísima, al mejor estilo de París o de Londres, en muchos lugares; "plantada" de torres y rascacielos en otros; con barrios enteros de exquisito buen gusto; y muchas veces, es bueno reconocerlo, abigarrada, heterogénea y a contrapelo de cualquier estilo. Su tránsito infernal, tiene en los "colectivos" a sus diablillos traviesos...

Buenos Aires son muchas cosas... Empecemos por los árboles, bastante raro tratándose de una grande y populosa ciudad. ¡"Los árboles de Buenos Aires"! Por todas partes, árboles, no sólo en los parques, diseñados por parquistas de la talla de Carlos Thays, creador del Jardín Botánico; en este paseo, más de 5 mil especies de plantas de todos los climas, distribuidas con criterio científico, comparten el ámbito con puentes, estatuas y construcciones de alta calidad artística. En Belgrano y en Palermo, las calles son túneles de verde; muchos árboles son de hojas perennes. Otros, en sus floraciones, como la *tipa* y el *jacarandá*, cubren de colores el pavimento; muchas veces, un semáforo, desesperado, trata de hacernos sus señas, entre la maraña de ramas, de hojas y de flores... Mientras en el Parque Tres de Febrero el Rosedal luce sus galas, el Patio Andaluz sus mayólicas esmaltadas y el *aguaribay* se mece junto al lago, en los alrededores de la Recoleta, el *gomero* inmenso, abarcador, recoge atento, de la mesa de los bares, diálogos de amor, de política, de economía; muy cerca, el *ombú* se desparrama perezoso, embelesado con el perfume de la opulenta *magnolia*. Más allá, *tilos* y *moras* son heraldos de la primavera. Multitud de jacarandaes, lo engalanan todo con sus flores violáceas, aún antes de que asomen sus hojas; para no ser menos, los *palos-borrachos*, se visten de rosa para despedir el verano. Todos ellos, más enhiestas *palmeras, robles, pinos* y *cedros*, pueblan las plazas de Buenos Aires, posiblemente las mejor arboladas del mundo.

Buenos Aires, son sus cincuenta barrios. Enmarcados en un polígono de 200 kilómetros cuadrados de superficie, sus contornos son la avenida General Paz, el Riachuelo y el Río de la Plata; sin embargo, la zona de influencia de la Capital Federal se prolonga en los distritos suburbanos con jurisdicción en la provincia de Buenos Aires, con los que se integra el Gran Buenos Aires. Algunos de ellos –Vicente López, San Isidro, Tigre, la zona del Delta del Paraná, Bella Vista, Hurlingham, Adrogué, entre otros–, con sus clubes, casas de fin de semana o de habitación permanente, jardines y paseos, son como la continuidad y el desahogo de la gran ciudad. Fundada en 1580 por Juan de Garay (la llamada "primera fundación" no fue tal, sino un simple asentamiento), Buenos Aires se recuesta sobre el Plata, ancho, con pretensiones de mar, pero con aguas dulces y "color de león". Los porteños querrían a su río más a su alcance y disfrutarlo en toda su dimensión, sin que se lo impidan los diques del puerto, las usinas, los elevadores de granos, el ferrocarril... La avenida Costanera, satisface en parte sus deseos y también lo hacen los últimos pisos de las bellas y altas edificaciones que se alínean a lo largo de las avenidas Colón, Alem y del Libertador.

Buenos Aires, en conjunto, tiene el diseño de un damero; sus calles se cortan en ángulo recto. Muy pocas diagonales interrumpen este esquema. Una larga avenida, Rivadavia, la recorre de este a oeste y la divide en dos partes casi simétricas. Muy pronto, la avenida 9 de Julio, de más de 100 metros de anchura, completará su trazado norte-sur engalanada en su centro por el Obelisco, símbolo moderno de la ciudad, obra del arquitecto Raúl Prebisch. Es en él donde convergen, además, la avenida Corrientes y la Diagonal Norte. Si de avenidas hablamos, no podemos dejar de mencionar la muy española y muy nuestra Avenida de Mayo que extiende su recorrido entre el palacio del Congreso de la Nación y la Casa Rosada, sede del Poder Ejecutivo, frente a la Plaza de Mayo. Nos dejamos tentar enumerando algunos de los edificios del Buenos Aires monumental: el Correo Central, el Palacio de Justicia, las casas matrices de Bancos nacionales y extranjeros, los nuevos bloques de las Catalinas, junto a los entrañables edificios de sus *iglesias*, ya seculares: San Ignacio, San Francisco, Santo Domingo, Nuestra Señora de la Merced. Capítulo aparte merece la *escultura* que puebla plazas, jardines y avenidas, y que sorprende al que pasa, por su belleza, por su elegancia y las valiosas firmas que la avalan. Testigos de lo que decimos, es la incomparable estampa del Monumento de los Españoles de Agustín Querol; el monumento al General Carlos María de Alvear de Antoine Bourdelle, autor también de "El Centauro Herido" y de "Heracles"; "La Cautiva" de Lucio Correa Morales; "Las Nereidas" de Lola Mora; "Canto al trabajo", de Rogelio Yrurtia; "El arquero" de Alberto Lagos; el monumento a Nicolás Avellaneda de José Fioravanti y, de Augusto Rodin, "Sarmiento". Por otra parte, la instalación de museos, embajadas y otras instituciones, en casas y palacios levantados en la ciudad, como residencias particulares, alrededor de los principios de este siglo, los ha preservado de la piqueta demoledora del progreso. Es así que hoy lucen como galas, entre otros: el Palacio Errázuriz, sede del Museo de Arte Decorativo cuyo arquitecto, René Sergent, se inspiró en las fachadas de Gabriel que rodean la Plaza Vendôme en París; el Palacio del Ministerio de Relaciones Exteriores; los palacios que ocupan las embajadas de Italia, de Estados Unidos de América y la de Brasil —estas dos últimas de Sergent—, de Francia, la Nunciatura Apostólica, el Círculo Militar, el Museo Fernández Blanco de estilo barroco americano; la casa del escritor Enrique Larreta, hoy Museo que lleva su nombre, de puro estilo español. Es oportuno destacar la bella imagen que ofrece el conjunto arquitectónico que rodea la plaza Carlos Pellegrini en el barrio de Retiro.

Con una historia relativamente joven, Buenos Aires, está, sin embargo, llena recuerdos, más que de testigos materiales que fueron, en su mayoría, desapareciendo con el tiempo. Sin embargo, en rincones seguros de la memoria, en cartas y documentos conservados, se puede fácilmente indagar sobre el pasado y reconstruirlo con bastante fidelidad. La Plaza de Mayo, antigua Plaza de la Victoria, es piedra angular de los tiempos pasados; el Cabildo es su más antiguo testigo; la Catedral Metropolitana, de estilo neoclásico, custodia el mausoleo que guarda los restos del general José de San Martín. Hacia el sur de la Plaza, están los barrios de Monserrat y de San Telmo; en las casonas de uno o dos pisos que aún subsisten, algunas con rejas, grandes patios con galerías y algún aljibe —la Santa Casa de Ejercicios Espirituales es una muestra acabada de ese estilo de edificación— se podrían oír las voces de muchos de los hombres y mujeres cuyos nombres llenan las páginas de nuestra Historia; muy cerca, el Parque Lezama, otro ejemplo de amalgama entre la naturaleza y el arte. En Recoleta, hoy uno de los paseos más concurridos y elegantes de la ciudad, se levantan la Basílica Menor de Nuestra Señora del Pilar, del siglo XVIII, y el Cementerio del Norte, comúnmente llamado Recoleta, inaugurado en 1822, que recuerda el estilo de las necrópolis de Génova o de Milán; algunas de las bóvedas y mausoleos son obra de artistas de renombre, como José Fioravanti, Pedro Zonza Briano, autor de "El Redentor" sobre la avenida principal, Alfredo Bigatti y muchos más. A su vez, los barrios de Belgrano, Balvanera, San Nicolás, Retiro, entre otros, son, con sus plazas y sus parques, sus casas y sus iglesias, otros tantos capítulos de esta joven Historia.

Buenos Aires es su gente. La Capital más el conurbano, reúnen 10.000.000 de habitantes. Si paseamos por Florida, una de las calles más concurridas, nos impresiona la *"Babel"* de razas y de nacionalidades que por ella desfilan y la diversidad de lenguas, o simplemente matices, que emplean en sus diálogos. Todas esas personas son las mismas que habitan en los barrios porteños y conviven, todos con todos, sin problemas de origen o de religiones. Tal es la causa del perfil de la gente de Buenos Aires, cordial, abierta, espontánea, acogedora. La ciudad, es sede de la más importante de las universidades nacionales del país, de varias universidades privadas, de institutos de enseñanza superior, de colegios tradicionales, de academias y de centros de investigación; al mismo tiempo, es, con frecuencia, elegida como lugar de encuentros nacionales e internacionales de simposios y congresos referidos a todas las ramas del saber. El Museo Nacional de Bellas Artes, sobre la Avenida del Libertador, reúne una importante cantidad de obras de pintura y de esculturas de todos los tiempos y de todas las escuelas. Bibliotecas públicas, oficiales y de instituciones privadas, así como diversos archivos, están al servicio de estudiosos y diletantes. El Planetario Galileo Galilei, en el bello marco de los jardines de Palermo, con una excelente organización, proporciona a estudiantes y estudiosos, valiosa información relacionada con los últimos adelantos en Astronomía y Astronáutica. Dejando atrás el planetario, con rumbo a la Plaza Italia, se camina por la espléndida avenida Sarmiento, flanqueada por un lado por el Jardín Zoológico, donde los más chicos y también los grandes que los acompañan, quedan extasiados ante los animales exóticos y las no menos exóticas construcciones que los albergan; por el otro lado, se pasa delante de jardines del Parque 3 de Febrero y se llega al predio que la Sociedad Rural Argentina ocupa en Palermo. En este lugar, todos los años, entre los meses de julio y agosto, la Sociedad Rural realiza la Exposición Nacional de Ganadería e Industria. El nutrido público que asiste a esta *"fiesta del campo en la ciudad"*, puede admirar en los espectaculares ejemplares de animales que se exhiben, el esfuerzo que en nuestro país se realiza para conservar el merecido título de haber logrado una de las mejores ganaderías del mundo.

En materia de espectáculos, Buenos Aires es pródiga en salas de teatro y de cine. El Teatro Colón es uno de los escenarios líricos más afamados del mundo: su bello edificio, junto con el del Teatro Nacional Cervantes, son dos joyas arquitectónicas; el Colón, ejemplo de construcción de fines del siglo pasado y principios del siglo XX; el Cervantes, del más puro estilo plateresco español.

Si de deportes hablamos, el fútbol, más allá de su carácter de deporte-espectáculo, en Buenos Aires es una pasión que no respeta edades ni condiciones sociales o económicas, está más allá de las diferencias políticas e invade todos los ámbitos... Los partidos entre River Plate y Boca Juniors, los dos clubes que concentran el mayor número de aficionados, ocupan durante muchos días los primeros planos en la crónica diaria de los medios de difusión. La *"polémica en el fútbol"* comienza en el hogar, se desata en el estadio, se prolonga en el colegio, en el consultorio, en la oficina, en la cátedra... En número de aficionados no le va en zaga el *turf,* *"los burros"* en lenguaje popular; dos grandes hipódromos: el de Buenos Aires, en Palermo, y el de San Isidro, perteneciente al Jockey Club, son escenarios donde lucen sus colores, caballos provenientes de afamados haras argentinos y también extranjeros. El polo exhibe con orgullo equipos de 40 tantos que, con una caballada de renombre internacional por su calidad y entrenamiento, se destacan como los mejores del mundo.

No podemos terminar esta referencia a Buenos Aires, sin ocuparnos de algunos de los lugares

de fuerte atracción turística que son, a la vez, motivo de goce y de esparcimiento para los que habitamos esta gran ciudad. Desde la localidad de Tigre –*"el Tigre"*, para los porteños– se accede al Delta del Paraná, cuya descripción hallará el lector en este mismo libro; a pocos kilómetros del centro de Buenos Aires, el viajero podrá gozar en plenitud de un paisaje semisalvaje de fuerte tono tropical. Una excursión por sus ríos y canales, en cualquiera de los medios que se ofrecen, se inscribe entre los recuerdos perdurables. No le va en zaga un paseo por la zona suburbana de San Isidro, rica en recuerdos y admirable por sus casas y jardines. En la misma ciudad, se puede gozar, además de la excelente cocina internacional en todas partes, del placer de gustar de la mejor carne del mundo en asadores instalados en pleno Centro o a lo largo de la Avenida Costanera. No sin orgullo, la ciudad ofrece calles y avenidas: Florida, Santa Fe, Alvear, Arenales, Callao y otras, en las que los comercios son vidrieras que exhiben la elegancia y el buen gusto que dominan en la ropa de vestir de mujeres y de hombres, y en los detalles que los acompañan; lo mismo sucede con los objetos relacionados con la decoración y el confort de la casa, de la oficina, del jardín. Inclusive en los barrios, en determinadas calles, se concentran comercios que hacen gala del buen gusto de los argentinos por las cosas bien hechas y bien presentadas, tal es el caso de la avenida Cabildo en el barrio de Belgrano. Una recorrida por San Telmo, reinado de los anticuarios, especialmente los días domingo, cuando se instala en la plaza Coronel Dorrego la llamada *"Feria de San Telmo"* proporciona el gran atractivo de poder contemplar y adquirir cosas "viejas" y cosas antiguas. Tanto en San Telmo como en La Boca *(calle Caminito)* y otros lugares de la ciu-

dad, se puede oír cantar el tango, de profunda raíz popular, verlo bailar por consumados bailarines y, si se quiere, también bailarlo. Los nombres de Carlos Gardel, Homero Manzi y Julio De Caro, están asociados a su génesis y *"presentes"* en estos lugares.

LA MONTAÑA Y LA MESETA

EL NOROESTE

Comprende la provincia de Jujuy y parte de las provincias de Salta, Catamarca y Tucumán.

En la Puna, panorama extraño, distinto, el Noroeste participa de la augusta sobriedad del Altiplano, donde reinan el viento blanco, el *ichu* amojonado y los *cactus.* En el dominio de las sierras subandinas, una orografía antigua, trabajada por movimientos telúricos, por las aguas y por los vientos; *quebradas* abiertas por los ríos que sirven de puertas a los magníficos anfiteatros de los valles. En total, un paisaje complejo, en el que se pasa del día ardiente con cielos sin nubes a la noche helada; de la aridez más pobre en la que sólo sobrevive la paja brava en el oeste, a la selva tropical hacia el oriente, rica en *jacarandaes* y *lapachos;* en el centro, montes de enhiestos *cardones* en las cuestas y quebradas, hábitat de *guanacos, alpacas, vicuñas* y *llamas.* Por aquí llegaron, desde el Perú, los conquistadores y aquí se quedaron; los valles son, aún hoy, lugar de asentamiento de pueblos antiquísimos que cobijan en celosa simbiosis lo autóctono y lo hispano. De ello hablan la subsistencia de viejas técnicas agrícolas aunadas a las aprendidas del español, las vestimentas en las que conviven el poncho indio y la manta usada por las mujeres a modo de rebozo madrileño o andaluz, las graciosas batas y camisas bordadas, las *ojotas* y el rico folklore musical, por no hablar de las conmemoraciones religiosas, mezcla del más puro panteísmo y las más acendradas creencias cristianas. El hombre, venido de muchas partes, que ha llegado después con sus torres de petróleo, sus diques y represas, sus cultivos y su ganadería tecnificados, sus altos hornos o sus explotaciones de uranio, se siente agradablemente atrapado en las redes de sólidas tradiciones y no desdeña beber la deliciosa *chicha morada* que le ofrecen en el camino, vestir el colorido poncho de los calchaquíes o el rojinegro de los salteños y gozar de las delicias del atardecer en las frescas galerías de las casas de techos rojos. Bien provisto reducto arqueológico para estudiosos e investigadores, exponente de un folklore cuyos sones transponen su propio ámbito, legítimas huellas del arte hispánico, paisajes bellos e insólitos, muestras de una moderna y promisora actividad económica, hacen del Noroeste uno de los más atrapantes centros turísticos de la Argentina. He aquí sólo algunas de las realidades que de esta región puede llevar en sus alforjas el viajero: en La Quiaca, en Jujuy, todo el colorido de *"La Manca Fiesta"*, única feria de trueque todavía existente en el país. La visita de Humahuaca en la quebrada del mismo nombre, pórtico de entrada a la Puna y notable yacimiento arqueológico; muy cerca, en Tilcara, la fiel reconstrucción del *Pucará* y la sinfonía de colores de la montaña en Purmamarca. En San Salvador de Ju-

juy, la estupenda talla en madera de *ñandubay* del púlpito de la Catedral y la iglesia de San Francisco; en Uquía, la iglesia del pueblo, típico exponente de la arquitectura del Altiplano. Ya en Salta, los caminos bordeados de *lapachos*, *algarrobos* y *palos borrachos* del valle de Lerma, llevan a la imponente quebrada del Toro recorrida por *"el tren de las nubes"*. Camino de Cafayate, en la quebrada de su nombre, llama la atención del espectador el colorido de la vegetación y las extrañas formas talladas por el tiempo en la montaña. Salta, rica en tradiciones, nos permite admirar en la capital, Salta *"la linda"*, la Catedral, el Cabildo, la iglesia de San Francisco, el convento de San Bernardo y, sobre todo, sus antiguas casas; en sus ciudades y pueblos, una rica veta, mezcla de piedad, de historia y de folklore como la *Fiesta del Milagro*, la *de la Candelaria*, el *Carnaval*, o *"La Guardia bajo las estrellas"*. Y, en medio de una difícil geografía, campos cubiertos de tabacales, vides, caña de azúcar y cereales; una rica ganadería, sobre todo de camélidos y ovinos a la que se une la producción forestal, la minera, la del petróleo, la de gas natural y la de energía hidroeléctrica. Tucumán, ruta obligada desde la época hispana entre el Alto Perú y Buenos Aires, fue escenario de la conquista y de importantes acontecimientos históricos. El rápido crecimiento de su población se debió a la variedad y cantidad de sus recursos naturales, con lo que en poco tiempo, Tucumán, la más reducida en extensión de las provincias argentinas, se transformó en uno de los centros más densamente poblados del país. Su capital, San Miguel de Tucumán, donde el 9 de Julio de 1816 tuvo lugar la Declaración de la Independencia, es hoy un rico centro agroindustrial y sede de la Universidad Nacional de Tucumán uno de los centros culturales más

importantes del país. Al monocultivo de la caña de azúcar, y la correspondiente instalación de importantes ingenios, se han agregado otras explotaciones agrícolas y la implantación de diversas industrias de maquinarias, de automotores de transporte, electrónicas, del papel, etcétera. Tucumán, llamada *"el jardín de la República"* ofrece al viajero lugares de gran belleza y tradición como Tafí del Valle, Villa Nougués, Quilmes.

LA REGION DE CUYO

Comprende el área andina y las planicies de pie de monte de las provincias de La Rioja, San Juan y Mendoza.

Hasta el norte del Neuquén, en el pétreo semidesierto de los Andes Áridos, dominio del Aconcagua y de otros colosos, los oasis de *cultivo* surgen como un milagro, acompañando el curso de los ríos que bajan de la cordillera entre canales y acequias, custodiados por frescas alamedas. Allí los olivos y las vides aplacan la nostalgia de los hombres nacidos en las soleadas tierras del Mediterráneo europeo y de sus descendientes. Hijos de inmigrantes, principalmente italianos y españoles, constituyen un grupo étnico único en el interior de las tierras de América del Sur; al contrario de lo que sucede en las demás zonas andinas del continente, casi no quedan rastros de la población aborigen. A la actividad primera del cultivo de la vid, se han unido, en los oasis creados por los ríos y multiplicados por la obra del hombre, los cultivos del olivo, de frutas y hortalizas, así como la cría de ganado. Cuando llega la primavera, los cuyanos, como sus ancestros europeos, trepan la montaña con sus animales en busca de pastos tiernos, sobre todo para los vacunos; las ovejas y las cabras los acompañan, aunque ellas, más sobrias, saben ramonear en las partes comestibles de la vegetación espinosa del monte… Importante región minera: calizas, mármoles (el travertino de San Juan), arcillas finas, también metales y uranio, tiene en el petróleo la más importante explotación, con considerable peso en el cuadro energético nacional; Luján de Cuyo, en Mendoza, es una de las principales refinerías del país. Hablar de industrias en las provincias cuyanas, es hablar, en primer término, de vinos; elaborados con alta tecnología a la vez que con exquisita habilidad artesanal, legítimamente heredada, compiten con los mejores del mundo. Otros frutales y productos de huerta, proveen a una bien organizada industria alimentaria. Es de destacar que el alto índice de producción y de consumo de la región, han llevado a muchas de las grandes industrias del país a instalar aquí sus plantas filiales. Las altas montañas son paraíso para los escaladores de todo el mundo; centros internacionales para la práctica de deportes de invierno, con modernísima infraestructura, han cobrado inusitado auge en los últimos años. Otros paisajes, sin el placer de la nieve o de los oasis, pero no menos imponentes, se extienden hacia el este; tales son la llanura arenosa salitrosa de la *travesía* que inspirara páginas del *Facundo de Sarmiento* o el monumento geológico del *Valle de la Luna* en San Juan, tallado por las aguas y por los vientos, que deja atónito al visitante con sus extra-

ñas formas y reservas arqueológicas. Al primer impacto de las cumbres nevadas que recibe el viajero que llega a las tierras cuyanas, seguirá el risueño cantar de las acequias y canales que atraviesan las fincas y hacen posible los cultivos. Bodegas y viñedos formarán parte de su itinerario y, en marzo, asistirá a la *Fiesta de la Vendimia*. Tupungato que con Maipú y Luján forman el tradicional *"camino del vino"* por la cantidad de bodegas allí instaladas, es uno de los más afamados oasis del continente americano; en su especial microclima, se dan todas las condiciones para la producción de la uva y de excelentes vinos, con un óptimo rendimiento. En la ciudad de Mendoza podrá recorrer los sitios históricos que recuerdan el paso del general José de San Martín: el solar que habitó, documentos de la Campaña de los Andes, la Bandera de su ejército. Podrá también admirar el diseño del Parque que lleva el nombre del Libertador, obra del arquitecto francés Carlos Thays con un magnífico muestrario de especies arbóreas traídas de todas partes del mundo; el Parque se eleva en el Cerro de la Gloria con el Monumento al Ejército de los Andes. Saliendo de la capital, famosas *termas* como las de Cacheuta y Villavivencio o las ya casi abandonadas, pero no menos conocidas de Puente del Inca; la villa turística de Las Cuevas y no lejos de allí el monumento al Cristo Redentor. Conocidos centros de esquí en "Los Penitentes", "Potrerillos" y el más moderno y espectacular complejo turístico de "Las Leñas", en Los Molles, cerca de Malargüe. En el terreno de la cultura, Mendoza es sede de la Universidad de Cuyo de la que dependen varias facultades y colegios e interesantes museos. San Rafael, la segunda ciudad en importancia fue puesto de avanzada en la *Conquista del Desierto*; a pocos kilómetros de distancia, se pueden admirar las obras del

dique del Nihuil. San Juan participa del pujante desarrollo de la industria vitivinícola con los mismos recursos naturales y de esfuerzo del hombre, comunes a toda la región. La ciudad capital, San Juan, es el escenario que Sarmiento inmortalizó en sus *Recuerdos de Provincia*. La *Fiesta Nacional del Sol*, en el mes de agosto, y el Parque Provincial de Ischigualasto, llamado *"Valle de la Luna"*, ya mencionado, son otros tantos atractivos de la región de Cuyo, *"tierra del sol y del buen vino"*.

LA PATAGONIA

Comprende el sur de la provincia de Mendoza, las provincias de Neuquén, Río Negro, Chubut, Santa Cruz y Tierra del Fuego con sus islas y archipiélagos dependientes.

En el mapa, un inmenso triángulo invertido, de 750.000 kilómetros cuadrados de superficie, cuya base descansa en los límites meridionales de Cuyo y de la Pampa, y su vértice, en el sur, es el *finisterrae* del país, antes de llegar a los dominios helados de la Antártida. Bajo el nombre generalizado de *Patagonia*, viven, sin embargo, dos paisajes muy diferentes: el de los Andes, al oeste y al sur y el de las mesetas que se escalonan rumbo al océano y se sumergen en sus aguas.

Los Andes patagónicos

A partir de los 36° de latitud, y hacia el sur, la montaña andina pierde su aspecto pétreo, árido y amurallado; se cuelan entonces por sus valles los vientos húmedos del Pacífico y sus laderas se visten de bosques que trepan hasta las alturas. Espléndido muestrario de especies arbóreas, algunas únicas en la flora del mundo: el alto y esbelto *pehuén*, el corpulento *coihue*, los gigantescos *alerces*, el *roble*, el *raulí*, el bello *arrayán*, las *hayas*... se espejan, junto con las cumbres nevadas, en los lagos de transparentes aguas entre verdes y turquesas y reinan sobre las violetas, las frutillas silvestres, el lirio y la azucena, compitiendo con ventaja con los más preciados ambientes alpinos... Así lo ven sus pobladores, muchos europeos y sus descendientes, que habitan sin nostalgias estos lugares a los que llegaron con sus costumbres y sus labores, aplicando su amor al ambiente al que muy fácilmente pudieron adaptarse. Muchas veces, es el viajero que, atraído por el paisaje, por la caza mayor, la pesca de los *salmónidos*, la visión colorida de las afamadas pistas de esquí, la excelente cocina, el trato de la gente, se ha propuesto volver y, no pocos, se han quedado a vivir. Más al sur, y hasta la Tierra del Fuego, los glaciares. Estos enormes campos de hielo, cuando las caricias del Sol se hacen más cálidas, comienzan a arrojar sus *carámbanos* al lago en medio de imponente y atronador espectáculo; de ello hablan al viajero el glaciar Moreno y el Upsala —este último es considerado el mayor del mundo— sobre el lago Argentino; navegar sus aguas, entre bloques de hielo, es impactante. Así llegamos hasta donde terminan las tierras...; donde la *lenga*, el *ñire* y el *canelo* desafían a los vientos alternando con la estepa herbácea, con ríos impetuosos, ventisqueros, *turberas* pantanosas, broche final para esta geografía de la Cordillera. Ahora bien, el que quiera gozar de ella plenamente, debe saber que los

Parques Nacionales, "Lanín", "Nahuel Huapi", "Los Arrayanes", "Los Alerces", "Los Glaciares", entre otros, contienen todos los atractivos descriptos: en sus bosques con cotos de caza; en sus centros de esquí como Chapelco, Cerro Catedral y La Hoya; en la cantidad enorme de lagos con paisajes cambiantes —Lácar, Nahuel Huapi, Correntoso, Lolog, etcétera— ideales para la pesca y los deportes náuticos. No menos atractiva es la posibilidad de recorrer los Parques a caballo, en embarcaciones diversas a través de los lagos o los rápidos de los ríos, o emprender la aventura en vehículos especiales adaptados a terrenos ríspidos, sin traza de caminos. Entre las ciudades, San Carlos de Bariloche, a orillas del Nahuel Huapi, con neto sabor alpino, es el pórtico de entrada a uno de los lugares más bellos del mundo. Basada su actividad en el turismo de todo el año, es sede, al mismo tiempo, del Instituto Balseiro en el Centro Atómico Bariloche, del que egresan ingenieros en energía nuclear y licenciados en Física, de la Camerata Bariloche de prestigio mundial y del Centro de Capacitación de Guardaparques, el mayor de América del Sur. La industria artesanal del chocolate ha escalado prestigio internacional. Ushuaia, capital de Tierra del Fuego, la ciudad más austral del mundo, se yergue hoy como un faro de progreso gracias a su vertiginosa industrialización que llevó, además, a esas latitudes, a una población estable y emprendedora. También lo son las obras que se realizan para la producción de energía eléctrica y la provisión de riego para toda la región: el embalse Ezequiel Ramos Mexía en El Chocón (para la producción de más de 1 millón y medio de kilovatios); el embalse Florentino Ameghino en Chubut; el dique Futaleufú, también en Chubut, que provee energía para la planta de aluminio de Puerto Madryn.

La meseta patagónica

Más difícil es hablar de la Patagonia extraandina a la que llamamos también *"meseta patagónica"*; tierras áridas, cortadas por ríos encajonados y sin afluentes, de suelo arenoso y pedregoso, dominio del *mará* (liebre patagónica). Casi siempre se la asocia a la idea del desierto cruel e inhóspito, donde sólo los ovinos son capaces de desafiar con sus espesos vellones al viento helado y de conformarse con la sobria dieta de sus pastos duros o a las torres del petróleo, que se yerguen en sus costas como pretendidos reemplazantes del árbol inexistente y se implantan hasta en el dominio de las aguas del océano; aún así, salta a a la vista la inmensidad de los recursos petroleros que al país le falta aún por explotar. Todo eso es parte de la Patagonia extraandina, pero también lo es el Alto Valle, en el tramo superior del río Negro, donde, a lo largo de más de 120 kilómetros, se distribuyen poblaciones cuyo trabajo y abnegación han transformado esta parte del país en una *huerta de frutales* sin solución de continuidad; es gloria, desde el comienzo de la primavera hasta el otoño, desde la floración hasta la madurez, recorrer estas tierras de regadío en la que los manzanos, los perales y las vides surgen como un milagro en el desierto, bajo la sombra protectora de los álamos. Los mismos frutos alcanzó la colonización galesa junto al río Chubut, a pocos kilómetros de su desembocadura en el océano, donde pudieron demostrar qué diferencia hay entre tierras estériles, *tierras malditas*, y éstas que son sólo áridas a la espera de la bendición del agua y del trabajo del hombre. De ello hablan, además, las grandes estancias patagónicas tal como "María Behety" en Río Grande, con su gigantesco galpón de esquila en las que se ha logrado las mejores pasturas para el ganado lanar y cuyos vellones gozan de la más alta cotización en los mercados mundiales. Su extenso litoral marítimo, alto y acantilado con sólo sus *caletas* y bahías para refugio de la navegación, ofrece el espectáculo insólito, único en el mundo, de sus elefanterías, loberías y pingüineras o la aparición, a mediados de junio, en el golfo San José, de la ballena franca. En Puerto Pirámides, en el Golfo Nuevo, se puede observar, desde lo alto de un acantilado, una de las más concurridas loberías. Las aguas transparentes del golfo Nuevo han transformado a Puerto Madryn en *"la capital subacuática de la Argentina"*; la ancha plataforma submarina patagónica favorece la pesca de altura, atraída por la enorme cantidad y variedad de especies ictícolas. La explotación del petróleo, desde Neuquén hasta Tierra del Fuego, no sólo ha sembrado la superficie de torres y de *"cigüeñas"*, sino que ha dado lugar, con Comodoro Rivadavia a la cabeza (es el centro de la cuenca petrolera más extensa del país), al nacimiento de importantes núcleos de población que han diversificado sus actividades, derivándolas a la explotación agrícola y ganadera o a la actividad pesquera. Los gasoductos que van desde Comodoro Rivadavia a Buenos Aires y La Plata, son sólo muestra de la ingente riqueza gasífera de la zona. También han surgido en el ámbito de la Patagonia extraandina, importantes parques industriales tales como el de la planta de aluminio de Aluar en la provincia del Chubut. Tierra de tribus tehuelches y araucanas, ofrece testimonios del pasado que van desde la presencia de bosques petrificados en Chubut y en Santa Cruz y la *"Cueva de las Manos"* en el cañadón del río Pinturas, hasta los más recientes de la colonización galesa en Gaiman.

LA SIERRA

LAS SIERRAS PAMPEANAS

Esta región abarca, sólo en parte, las provincias de Tucumán, Catamarca, La Rioja, San Juan, Santiago del Estero, Córdoba y San Luis.

Entre bloques serranos, valles y planicies elevadas —"campos", las más altas; "llanos" las que se hallan a menor altura— con un clima árido y con la fuerte uniformidad cultural y espiritual de sus habitantes, esta región ofrece diferentes escenarios naturales, algunos de los cuales se destacan por sus características inconfundibles:

En Tucumán, la *selva serrana* de ambiente subtropical, en los faldeos orientales de la sierra del Aconquija, trepa hasta los 1.400 m de altura con el *laurel*, el *cedro*, la *tipa*, el *nogal*, el *lapacho*, envueltos entre lianas y enredaderas y engalanados con orquídeas.

En Catamarca, el magnífico *anfiteatro* natural del Valle, uno de los tantos oasis de cultivo de la provincia, donde se halla emplazada la capital, San Fernando del Valle de Catamarca (la vista de la ciudad desde la Cuesta del Portezuelo es un placer del que vale la pena gozar). Allí lucen las *fiestas de la Vírgen del Valle* y expertas tejedoras exponen sus labores en la *Fiesta del Poncho*. En el borde occidental de las sierras, el campo y la quebrada del Talampaya en La Rioja, ofrece el espectáculo fantasmal de sus farallones erosionados que se continúa en el Valle de la Luna, en San Juan. También en La Rioja,

en campos y llanos, junto a una flora natural de *algarrobos*, *chañares*, *quebrachos*, adornados por la *"flor del aire"* que se apoya en sus troncos, surgen, gracias al regadío, verdaderas colonias frutihortícolas con vides, olivos y nogales. En La Rioja, Chilecito es la segunda ciudad de la provincia; está magníficamente situada al pie del Famatina. Alcanzó su mayor auge en el siglo XIX a raíz de la explotación de las minas de oro y plata de la región. Actualmente, sus viñedos y numerosas bodegas, producen vinos de reconocido prestigio. En muchas localidades de La Rioja, se celebran, durante el año, fechas muy queridas por los riojanos: la *fiesta del "Encuentro"* en honor del Niño Alcalde y de San Nicolás; la *fiesta de la Chaya* en Carnaval; la *peregrinación a las Pardecitas*, entre otras.

Las sierras de Córdoba se pierden, al oriente, en la Pampa húmeda. Su paisaje y su clima las han constituído en uno de los parajes más codiciados del país, no sólo para el turismo, sino también, y desde los primeros tiempos de la colonización, para la instalación permanente del hombre. Desde Cruz del Eje a Calamuchita, pasando por Ascochinga, La Falda, La Cumbre, Cosquín, Villa Carlos Paz o Alta Gracia, la serranía ofrece estos afamados centros turísticos con un cielo límpido, un sol radiante, un régimen de lluvias constante, una espléndida vegetación, sobre todo en sus faldas orientales. A esos dones naturales deben agregarse una excelente red de caminos y la proliferación de diques y embalses, antiguos y recientes, que aprovechan el agua de sus ríos y arroyos; mención especial merecen el dique San Roque, en cuyas márgenes se levanta la ciudad veraniega de Carlos Paz y el Embalse de Río Tercero que preside un conjunto de lagos, diques y represas en plena zona serrana. Una rica tradición histórica se enraiza en sus pueblos y en sus ciudades con bien conservados y valiosos testigos en la Arquitectura y en la Escultura, tal como se muestran en las *estancias jesuíticas* de Alta Gracia y de Santa Catalina en Ascochinga; de esta última, se ha dicho: "es evidente que (...) el autor del templo fue un artista extraordinario, dentro de nuestro modesto ambiente arquitectónico del siglo XVIII". También en la lengua y en las costumbres de los habitantes, las huellas del pasado son notables y firmemente asentadas.

San Luis participa, en su mitad septentrional, del paisaje de las Sierras Pampeanas. La ciudad de San Luis es capital de la provincia con acentuado aire hispánico del siglo XIX al que se van incorporando las huellas del progreso. Por su parte, Villa de Merlo es considerada la "capital serrana"; recostada sobre la sierra de Comechingones, desde sus alturas puede contemplarse el valle del Conlara, paisaje poblado de una rica vegetación natural y de cultivos; los lugares más agrestes son frecuentados por una variada fauna autóctona: *pájaros, pumas, lagartos* y otros.

LA LLANURA

EL PARQUE CHAQUEÑO

Comprende íntegramente las provincias de Formosa y del Chaco y parcialmente las de Córdoba, Santiago del Estero, Tucumán, Salta y Santa Fe.

Chaco, en quechua *"país de las cacerías"*. Un relieve totalmente plano con una levísima inclinación hacia los ríos Paraguay y Uruguay, que le impide desaguar sus propios cursos fluviales. El bosque es denso y enmarañado en la región oriental; poblado de árboles de *quebracho, viraró, tipa, roble, cedro...* que se yerguen, entre lianas y enredaderas; en el bosque, los claros o *"abras"* son aprovechados por la agricultura y hay abundancia de espacios inundados, salitrosos algunos, otros, cubiertos de exóticas plantas acuáticas y frecuentados por *patos, garzas, flamencos*. También el *puma* y el *gato montés, hurones, zorrinos, zorros colorados, nutrias* y *yacarés* en los ríos, entre muchos, merodean en el espacio del bosque que, hacia el oeste, se va empobreciendo hasta convertirse en el monte bajo y espinoso de *"El Impenetrable"*. En otros parajes, bosques mucho menos tupidos de *palmeras* y de *ceibos*, acompañan el curso de los ríos, abundantes en *pejerreyes, surubíes* y *dorados*. En esta geografía, el papel del hombre es protagónico. A la población indígena se agregó la de la conquista y en tiempos recientes, una fuerte inmigración ayudó a impulsar el progreso de esta región.

El trabajo casi excluyente de otrora de los *hacheros* derribando árboles de quebracho para la obtención de *tanino*, y el de las plantaciones de algodón, se ve hoy reemplazado por una gran variedad de actividades que van desde la explotación racional del bosque, una agricultura diversificada y una ganadería selectiva, hasta la instalación de industrias adecuadas a la producción de materias primas. La llamada "diagonal fluvial" de Santiago del Estero, entre los ríos Dulce y Salado, zona de excelentes tierras laborables, es, desde tiempos remotos, lugar ideal para el asentamiento humano; allí se fundó la primera ciudad en territorio argentino (año

1550), origen de la actual capital de la provincia.

En esta región del Parque Chaqueño, el viajero se sentirá atraído, en primer término, por el impacto que le produce la visión de la selva y la gozará intensamente gracias a una red de caminos que permiten recorrerla en todas sus direcciones y practicar, si así lo desea, sus habilidades para la caza mayor y la pesca; podrá llegar también a apreciar de cerca la vida en las reducciones indígenas, asistir en Quitilipi a la *Feria de Artesanía Chaqueña* y también a la *Fiesta Nacional del Algodón*.

LA MESOPOTAMIA ARGENTINA

Comprende las provincias de Misiones, Entre Ríos y Corrientes, y la porción bonaerense del delta del Paraná.

Hablamos de cuatro provincias, cada una con una realidad diferente, enmarcadas, en su casi totalidad entre los cursos de los ríos Paraná y Uruguay.

Las sierras y la selva

En Misiones, la vegetación siempre verde de la selva, con más de 2.000 especies conocidas, ocupa casi todo el territorio de la provincia, trepa por las laderas de sus sierras y contrasta con las tierras rojas del suelo; una formación vegetal enmarañada, de grandes árboles (*quebrachos, lapachos, timbó, palo rosa, peteribí, palmeras yatay*), helechos arborescentes, lianas, orquídeas, arbustos, y, en las partes bajas y anegadas de la selva, musgos. En ella habitan el *gato onza*, el *gato montés*, el *puma*, el *jaguar*, el *anta, monos, coatíes, osos hormigueros, venados, tapires,* más de 400 variedades de pequeñas y grandes aves *(cardenales, calandrias, loros, tucanes)* e infinidad de mariposas. La caza ofrece al aficionado, desde "platillos" y *perdices,* hasta *pecaríes, venados, jabalíes* y *antas;* la de *yaguaretés, pumas, osos hormigueros, monos, ardillas,* le está vedada. La pesca deportiva, sobre todo del *dorado,* el más bravo de los peces, tiene su más importante centro en la Reserva Nacional de pesca Caraguaytá. De esta selva, más de 50.000 ha corresponden al Parque y Reserva Nacional Iguazú en el que los caprichos del relieve han provocado uno de los más grandiosos espectáculos naturales de la Tierra: las cataratas del Iguazú, las que por la abundancia y el estrépito de sus caídas, los *arco iris* formados por los rayos del Sol que atraviesan la finísima llovizna que flota sobre el agua y la selva virgen que le sirve de escenario, forman parte del Patrimonio Nacional y también del mundo. Misiones es tierra de trabajo y de pioneros. Ya en los siglos XVII y XVIII, los padres misioneros de la Compañía de Jesús instalaron allí diez *reducciones indígenas,* modelo de organización político-económica-religiosa; de entre ellas, una de las más notables fue la de San Ignacio Miní, a 25 kilómetros de Posadas, capital de la provincia, cuyas ruinas, algunas muy bien conservadas, sorprenden al viajero. En la vida económica de Misiones, a aquellos sacrificados *mensús* que abrían picadas en la selva para la explotación de los yerbatales naturales, le han sucedido, gracias a la inmigración, sobre todo de alemanes provenientes de Brasil, florecientes colonias agrícolas como la de Eldorado. La yerba-mate, el té, la mandioca, el tung, el tabaco, los citrus, son

objeto hoy de una agricultura diversa y tecnificada que va ganando terreno a la selva y provee a una importante agroindustria. De la explotación racional de árboles de pináceas, con fibras aptas para la fabricación de papel, hablan las importantes plantas industriales de Puerto Piraí y Puerto Mineral.

Los esteros

Al llegar a Corrientes, lo primero que se advierte es el suave acento del *idioma guaraní* que domina en el diálogo de sus pobladores, en su totalidad bilingües. Es algo que lo envuelve todo. En una especie de encanto se va descubriendo cómo la tradición y el espíritu patriótico viven naturalmente en cada persona, en sus pueblos y ciudades, en los caminos, en sus iglesias y monumentos. Es difícil separarlos del resto. Su geografía, deprimida y cubierta de *esteros* en el centro —esteros del Iberá—, donde reinan el *yacaré* y el *irupé,* se eleva en los contornos y cae en pintorescas barrancas hacia los dos grandes ríos, Paraná y Uruguay, que la abrazan. La selva tropical ocupa los lugares altos y se escurre hacia el sur acompañando el curso de los ríos. Las plantaciones de arroz, apenas al borde de los esteros, las aguas de los ríos insólitamente coloreadas por las naranjas que arrastran hacia los puntos de selección y procesamiento, los tabacales, la mandioca esperada en los hogares para el casi ritual *chipá,* son parte de esta tierra correntina. La pesca del dorado o "pirayú" reúne todos los años en Paso de la Patria a los aficionados que compiten en el torneo internacional. Las "riñas de gallos" en Goya, son también motivo de atracción y concentración de público, espectador y apostador... Es bastante usual que el viajero en su estadía en Corrientes, coincida con algunas de las celebraciones que, a menudo, sacuden el ritmo pausado de sus habitan-

tes: en materia religiosa, las manifestaciones de piedad en las fiestas de *Nuestra Señora de Itatí* y en *la de la Cruz del Milagro;* de carácter festivo y con deslumbrante colorido, el *Carnaval correntino,* cuya fama ha traspuesto los límites de la provincia; como homenaje al trabajo del hombre: *la Fiesta Nacional del Té* en Oberá, la del *Tabaco* en Goya, la de la *Naranja* en Bella Vista; en el mes de agosto, el homenaje al Libertador José de San Martín en todo Corrientes y especialmente en Yapeyú donde nació; correntinos fueron muchos de los granaderos que lo acompañaron en sus campañas.

Destacamos que la parte sur de Corrientes, a partir de la ciudad de Mercedes, por sus especiales características debe ser incluída en la llamada *"subregión de las lomadas o cuchillas entrerrianas".*

Las lomadas

Desde el sur de Corrientes y hasta la zona del delta del Paraná, es tierra de *lomadas* (como altura máxima apenas sobrepasan los 100 metros), de clima benigno y de abundante tierra negra para los cultivos. El bosque entrerriano, que en un tiempo fue llamado *selva de Montiel,* ha perdido su porte, pero se extiende en forma de *"bosques en galería"* de sauces, ceibos, talas y ñandubay, siguiendo el curso de los ríos que bañan la *pradera herbácea.* Sobre el Uruguay, se observan formaciones de palmeras entre las que se destacan el Parque y Reserva Nacional "El Palmar" en Colón, con miles de *palmeras yatay,* algunas de más de 800 años de antigüedad (hay algunos ejemplares petrificados) que crecen entre musgos y helechos en medio de un espléndido y misterioso paisaje de pradera, de médanos y arroyos. Por sus condiciones de suelo y de clima, Entre Ríos forma parte de la zona agropecuaria más rica del país; lo atestiguan sus abundantes cosechas de cereales y lino, la prodigiosa producción de cítricos, su numerosa y selecionada ganadería y casi la mitad de la producción avícola de todo el país. La agroindustria acompaña el ritmo de la producción primaria. En su origen, tierra de *guaraníes* y de *charrúas*; a la población hispánica se unió la inmigración de otros europeos, especialmente de alemanes, desde mediados de este siglo; de esta última dan un encantador testimonio las colonias alemanas en Gualeguaychú. Por estas tierras pasaron los ejércitos patrios y fueron campo de batalla en las luchas por la Organización Nacional. Entre sus ciudades, Concepción del Uruguay fue capital de la Provincia hasta 1883; en su Colegio Nacional se educaron ilustres figuras del país. A pocos kilómetros de Concepción, puede visitarse el Palacio San José, imponente edificación, mandada construir para su residencia por el general Justo José de Urquiza. Paraná, en las barrancas del río, está unida a Santa Fe por el túnel subfluvial Hernandarias de más de 2.900 metros de largo; situada en un lugar estratégico, en medio de una espléndida vegetación natural, la ciudad de Paraná fue en su tiempo bastión de defensa frente al enemigo. Entre las obras de infraestructura realizadas, se destacan, además, el complejo ferrovial Zárate-Brazo Largo de gran importancia en la comunicación de la Mesopotamia con el resto de país y el de Salto Grande, que comprende, además, una central hidroeléctrica, obra conjunta de la Argentina y el Uruguay.

El Delta del Paraná

A poco más de 30 kilómetros del centro de la ciudad de Buenos Aires, uno de los más bellos paisajes del país. Antes de desembocar en el río de la Plata, el Paraná se dirige hacia el este y se divide en varios brazos y, a su vez, en canales y riachos que toman diferentes nombres y encierran numerosas islas de tupida vegetación. Todo contribuye a dar al paisaje ritmo y color: el verdor de los árboles, el rojo de la flor del ceibo, los naranjales, el agua que en algunos lugares es de un verde cristalino, las velas de los yates, el colorido de los productos transportados; el continuo revolotear de los pájaros, el dulce mecerse de los sauces que bañan sus ramas en las orillas, el bullicio de las lanchas con escolares, el sonar de pitos y sirenas de las lanchas colectivas, la estela espumosa de las embarcaciones todas. En las islas, diversas y variadas construcciones: muelles y pintorescas viviendas, que, a la manera de *palafitos*, hunden sus pilotes en el agua; entre ellas, las de las hosterías y "recreos". Como centro de esparcimiento, el Delta ofrece además el simple placer de recorrer sus aguas en embarcaciones particulares o arrendadas, toda la gama de deportes náuticos apoyados por instituciones de prestigio: remo, esquí, motonáutica, yachting, surf; también pesca y caza de campo. El Delta es, además, el ámbito de una población estable; de los primitivos habitantes, los guaraníes, sólo quedan huellas en los nombres de los lugares; no existen núcleos urbanos, salvo algunos formados a raíz de la construcción del complejo Zárate-Brazo Largo. La labor es dura, las tierras son inundables y el hombre debe construir obras de defensa que le permiten obtener del suelo, plantas frutales y hortalizas; ha logrado también el crecimiento de *formio* y de *mimbre*. Pero en lo que más concentra su esfuerzo es en las plantaciones de pináceas, árboles ricos en celulosa para la fabricación de papel. Su gran aliado es el clima.

LA PAMPA

Comprende la *Pampa húmeda* en las tres cuartas partes de la extensión total de la región y la *Pampa seca o Estepa*; se extiende en la casi totalidad de las provincias de Buenos Aires y

de La Pampa y en parte de las provincias de San Luis, Córdoba y Santa Fe.

Muchos, al hablar de la Pampa, es como si se refiriesen a la Argentina toda; cuesta corregir este error sobre todo si el viajero entra al país por Buenos Aires. ¿Quién lo convence de que estos 700.000 kilómetros cuadrados de *"pampa"* —casi el veinte por ciento del territorio nacional— no son todo el país? Su suelo plano, ligeramente ondulado al norte y noreste, algo deprimido en el centro, se transforma en planicie elevada, recién frente a las serranías cordobesas. Sólo es interrumpido por las sierras de Tandilia y de Ventania. A las barrancas sobre el Paraná y el Río de la Plata, sigue una costa baja, con médanos y playas, con algunos tramos rocosos y acantilados. El clima templado y húmedo, en la casi totalidad de la región, favorece el desarrollo de la pradera de pastos tiernos. Pampa significa *"tierra sin árboles"*. Sólo hay bosques en la periferia de la región: desprendimientos de la selva, junto al río Paraná; vegetación de *monte*, de pastos duros y árboles aislados, al suroeste, en la Estepa. En general, un paisaje natural monótono, sin las estridencias de las demás regiones. Pero el hombre, en la Pampa, ha modificado el escenario: millones de árboles traídos de todo el mundo —*pinos, álamos, paraísos, eucaliptus, aromos, palmeras*– hacen pensar en verdaderas formaciones forestales autóctonas; la tierra trabajada con esmero presta al conjunto colores distintos y cambiantes, según la época del año y la variedad de los cultivos: desde el lino hasta el girasol, los cereales y las forrajeras o los árboles frutales floridos; todo, en espacios inmensos que se pierden en el horizonte. Completan este paisaje "natural" los miles de cabezas de ganado que pueblan los alfalfares, las altas torres de los silos, las bellas casa de las estancias agrícola-ganaderas –uno de los más bellos ejemplos es la casa de "La Biznaga" en Roque Pérez– y también los modestos ranchos a la sombra de los árboles. El hombre de campo de la Pampa, nuestro *gaucho*, hábil jinete, héroe anónimo en la gestación de la Patria, conserva costumbres y tradiciones que hacen de él un símbolo de la región; es fiel a su vestimenta, de infaltable *poncho* y *chambergo*, a su *facón*, a su *apero*, al *mate* a toda hora y al premio de *"un buen asado"*... Este paisaje bucólico hoy se ve interrumpido por la proliferación de espacios dedicados a la industria, ya que el 85 % de la producción del país tiene su origen en los centros fabriles de la Pampa. Estos son los que, principalmente, determinan la desigual distribución de la población: muy espaciada en las ciudades y pueblos rurales del interior; abigarrada en las ciudades periféricas como Córdoba, Rosario, Buenos Aires, Bahía Blanca, etcétera y sus respectivos conurbanos, sedes de actividad industrial y, con excepción de Córdoba, de activos puertos.

En la Pampa, debido a sus dimensiones, es difícil abarcarlo todo en poco tiempo. El viajero puede disfrutar del espectáculo de sus campos, apenas se aleje unos kilómetros de los centros urbanos, y gozar en ellos de las tradiciones y costumbres del medio rural. Si acudimos a la Historia, cada lugar de la Pampa, tiene algo que contar. La fundación de sus ciudades –Santa Fe, Córdoba, Buenos Aires–, la amenaza del *malón*, la conquista del desierto, las luchas internas por el afianzamiento de la Nación, han hecho de cada ciudad, de cada pueblo, un protagonista. Algunos lucen con orgullo el haber sido en su origen simples *fortines* de avanzada del desierto; otros, como la ciudad de Córdoba, conservan casi en plenitud, el testimonio del pasado. Por ella es que se accede a la región serrana; preside, además, la apertura hacia la llanura y, en especial, hacia la Pampa. Por su estratégica ubicación geográfica y sus recursos naturales de fácil acceso, fue desde su fundación, en el año 1573, un polo de atracción para el poblamiento. Activo centro de tradición cultural y religiosa, tiene sus testigos en la Catedral, joya de la arquitectura hispanoamericana, en el templo y Colegio de la Compañía de Jesús, en el edificio de la Universidad, en el Cabildo, todos del siglo XVII, y en los conventos y casonas señoriales de acentuado cuño hispano que hablan de un pasado rico en todas sus manifestaciones. Hoy, Córdoba, sede de la Universidad de Córdoba y de muchas otras instituciones culturales, es puesto de avanzada en la economía de una extensa comarca agropecuaria, la segunda ciudad del país por el número de sus habitantes y uno de sus principales núcleos industriales; el proceso de industrialización transformó a Córdoba, en los últimos treinta años, en una gran ciudad, no sólo por el número de habitantes que en corto plazo se duplicó, sino, además, por el cúmulo y diversidad de actividades a que ello dio origen. En la Pampa, son polos de atracción de una densa población temporaria las ciudades balnearias de la costa atlántica, con Mar del Plata como el mayor centro turístico veraniego del país.

Enclavada en una comarca privilegiada, (se habla de un excelente "microclima") en ella lucen por igual el océano que baña sus amplias y numerosas playas, el especial gusto de su edificación, las flores que embellecen sus jardines y su porte de gran ciudad. Punto de atracción para entendidos y aficionados, es el "Haras Ojo de Agua" en El Dorado, junto a la laguna La Brava; tiene la bien ganada fama de haber producido, por selección, caballos de pura sangre de carrera, triunfantes en las más importantes competencias.

Rosario, la tercera ciudad del país, por el número de sus habitantes, exhibe con orgullo su puerto, al que acude la producción del norte y del centro de la República para alcanzar la ruta del Plata y del Océano. La especial idiosincracia de los rosarinos, en su mayor parte de origen italiano, han hecho de Rosario un centro pujante de trabajo y de progreso, lo que queda a la vista en sus parques y avenidas y su moderna edificación. El Parque Belgrano, donde se levanta el Monumento a la Enseña Patria y a su creador –obra de varios escultores argentinos– rodea el lugar donde fue izada por primera vez; el parque Independencia, por su parte, es uno de los más bellos y extensos del país. En Santa Fe, además de su capital fundada por Juan de Garay, aún antes que Buenos Aires, no podemos dejar de nombrar a Esperanza, la primera colonia agrícola argentina, fundada en 1856 por Aarón Castellanos.

El hecho de finalizar este somero relevamiento de lo que la Argentina es y lo que la Argentina ofrece como país, con la región de La Pampa, no es casual; coincide con la feliz idea de Aldo Sessa de cerrar la serie de fotografías que integran la obra, con tres magníficas tomas hechas en la Estancia "Don Manuel", de Rancul, precisamente en la provincia de La Pampa. En ellas, la luz del fogón rodeado de arrieros, mate y guitarra en mano, reemplaza a la luz del Sol.

ELSA INSOGNA

BUENOS AIRES (Cap. Fed.)
Págs. 16-17. Avenida 9 de Julio.
BUENOS AIRES (Federal Capital)
pp. 16-17. 9 de Julio Avenue.

BUENOS AIRES (Cap. Fed.)
Pág. 18. a) Puerto. Fragata Sarmiento.
b) Avenida 9 de Julio, vista nocturna.

a

b

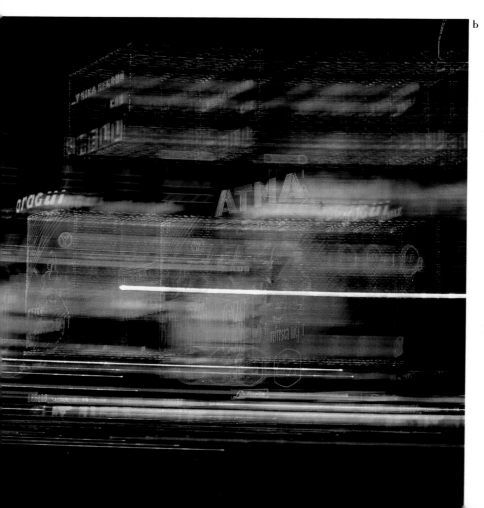

BUENOS AIRES (Federal Capital)
p. 18. a) Port. Frigate Sarmiento.
b) 9 de Julio Avenue, nighttime view.

BUENOS AIRES (Cap. Fed.)
Pág. 19. a) Obelisco. b) Catalinas Norte.

a

b

BUENOS AIRES (Federal Capital)
p. 19. a) The Obelisk. b) Catalinas North.

a

BUENOS AIRES (Cap. Fed.)
Pág. 20. a) Avenida de Mayo. Congreso
de la Nación. b) Granaderos a Caballo.

Pág. 21. Plaza de Mayo. Casa Rosada.

BUENOS AIRES (Federal Capital)
p. 20. a) Mayo Avenue. National Congress. b) Mounted grenadiers.

p. 21. Mayo Square. Casa Rosada Government House.

b

20

a

BUENOS AIRES (Cap. Fed.)
Pág. 22. a) Plaza San Martín, vista panorámica. b) Parque 3 de Febrero; ejemplar
de Gingko Bilowa.

BUENOS AIRES (Federal Capital)
p. 22. a) San Martín Square, panoramic
view. b) 3 de Febrero Park; specimen of
Gingko Bilowa.

b

BUENOS AIRES (Cap. Fed.)
Pág. 23. a) Lago de Palermo. b) Gomero en la Recoleta. c) Patio
Andaluz. d) Parque Lezama.

Págs. 24-25. Jacarandaes en flor.

a

b

c

d

BUENOS AIRES (Federal Capital)
p. 23. a) Palermo Lake. b) Rubber tree in the Recoleta. c)
Andalusian Patio. d) Lezama Park.

pp. 24-25. Jacaranda trees in bloom.

a

b

c

d

BUENOS AIRES (Cap. Fed.)
Pág. 26. a) Colectivos. b) "Mateo". c) Camión "fileteado". d) Fotógrafo de plaza.

Pág. 27. a) Tango. b) Calle Caminito en La Boca, cantor de tangos. c) Chatarra de barcos en Dock Sur. d) Calle Caminito. e) Puentes sobre el Riachuelo. f) Edificaciones típicas, La Boca.

BUENOS AIRES (Federal Capital)
p. 26. a) Buses. b) Horse and carriage. c) Hand-painted truck. d) Park photographer.

p. 27. a) Tango. b) Caminito Street in La Boca neighborhood: tango singer. c) Wrecked ships on South Dock. d) Caminito Street. d) Bridges over the Riachuelo. f) Characteristic buildings in La Boca.

a

d

b

e

c

f

a

BUENOS AIRES (Cap. Fed.)
Pág. 28. Teatro Colón: a) Entrada principal. b) Sala de espectáculos.

Pág. 29. Sala de espectáculos del teatro
Colón.

p. 28. The Colón Theater: a) Main entrance. b) Auditorium of the Colón Theater.

p. 29. Auditorium of the Colón Theater.

b

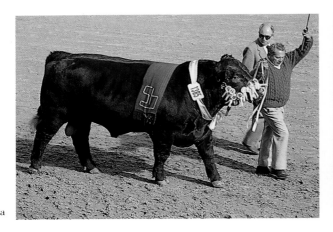

a

c

b

d

e

BUENOS AIRES (Cap. Fed.)
Pág. 30. Exposición Rural en Palermo.
Campeones bovinos. a) Shorthorn. b)
Charolais. c) Brangus. d) Fleckvieh. e)
Desfile de campeones.

Pág. 31. a) "La Bombonera" en La Boca.
b) Hipódromo de San Isidro. c) Polo en
Palermo.

b

BUENOS AIRES (Federal Capital)
p. 30. Rural exposition in Palermo.
Champion bovines: a) Shorthorn. b) Charolais. c) Brangus. d) Fleckvieh. e) Pa-
rade of the champions.

p. 31. a) "La Bombonera" football stadium in La Boca. b) San Isidro Race-
track. c) Polo in Palermo.

c

a

d

b

e

c

f

BUENOS AIRES (Cap. Fed.)
Pág. 32. a) Jardín Botánico. b) "Las Nereidas" de Lola Mora. Costanera Sur. c) "La Biela". Recoleta. d) Feria de San Telmo. e) Palermo Viejo. f) Diagonal Norte y Florida.

Pág. 33. Jardín Zoológico: jirafa en su pabellón.

BUENOS AIRES (Federal Capital)
p. 32. a) Botanical Gardens. b) "The Nereids" by Lola Mora. Costanera Sur Avenue. c) "La Biela" Cafe. Recoleta. d) San Telmo Fair. d) Palermo Viejo. f) Corners of Diagonal Norte Avenue and Florida Street.

p. 33. The zoo: giraffe in its pavilion.

a

d

b

e

c

f

BUENOS AIRES (Cap. Fed.) y alrededores.
Pág. 34. a) Club de Pescadores, Costanera Norte. b) Casona en **San Isidro.** c) Mercado de frutos en **San Fernando.** d) Kiosco para músicos. Barrancas de Belgrano. e) Patio colonial. **San Isidro.** f) Club de Regatas "La Marina" en **Tigre.**

Pág. 35. Buenos Aires Rowing Club. **Tigre.**

BUENOS AIRES (Federal Capital and outskirts).
p. 34. a) Fishermen's Club, Costanera North Avenue. b) Residence in **San Isidro.** c) Fresh produce market in **San Fernando.** d) Bandstand. Barrancas de Belgrano. e) Colonial patio. **San Isidro.** f) "La Marina" Rowing Club. **Tigre.**

p. 35. Buenos Aires Rowing Club. **Tigre.**

a

b

TIERRA DEL FUEGO
Pág. 36. a) Isla de los Estados. b) Anochecer en **Ushuaia.** c)
Vista aérea de esa ciudad.

TIERRA DEL FUEGO
p. 36. a) Isla de los Estados. b) Nightfall in **Ushuaia.** c) Aerial
view of this city.

Pág. 37. **Ushuaia.**

p. 37. **Ushuaia.**

c

a

TIERRA DEL FUEGO
Pág. 38. **Lapataia.** Parque Nacional de Tierra del Fuego.

Pág. 39. a) **Lapataia.** b) Laguna Verde. **Lapataia.**

Pág. 40. Zona de turberas.
Págs. 40-41. Bosque de lengas en otoño.
Pág. 41. Lago Escondido.

TIERRA DEL FUEGO
p. 38. **Lapataia.** Tierra del Fuego National Park.

p. 39. a) **Lapataia.** b) Lake Verde [Green]. **Lapataia.**

p. 40. Peat bogs.
pp. 40-41. Forest of "lengas" in autumn.
p. 41. Lake Escondido [Hidden].

b

a

b

TIERRA DEL FUEGO
Pág. 42. a) Turberas. b) Aserradero, camino hacia el lago Fagnano.

TIERRA DEL FUEGO
p. 42. a) Peat bogs. b) Sawmill on the
road to Lake Fagnano.

a

TIERRA DEL FUEGO
Pág. 43. a) Casas junto al lago Fagnano.
b) Hostería Kaikén. Lago Fagnano.

TIERRA DEL FUEGO
p. 43. a) Houses on Lake Fagnano. b)
Kaiken Inn. Lake Fagnano.

b

TIERRA DEL FUEGO
Pág. 44. Estancia María Behety. **Río Grande.**

Pág. 45. Estancia María Behety: a) Oficina. b) Galpones. c) Panadería. d) Casas habitación.

a

b

c

d

TIERRA DEL FUEGO
p. 44. María Behety Ranch. **Río Grande.**

p. 45. María Behety Ranch: a) Office.
b) Sheds. c) Bakery. d) Living quarters.

a

TIERRA DEL FUEGO
Pág. 46. Estancia María Behety: galpón
de esquila.

Pág. 47. Estancia María Behety: a) Trabajo de esquila. b) Cartel identificatorio
del lugar. c) Ovejas esquiladas.

TIERRA DEL FUEGO
p. 46. María Behety Ranch: shed.

p. 47. María Behety Ranch: a) Shearing.
b) Sign. c) Sheared sheep.

b

c

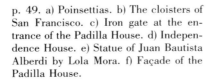

TUCUMÁN

Pág. 48. Catedral de **San Miguel de Tucumán;** cúpulas al amanecer.

Pág. 49. a) Estrellas federales. b) Claustro de San Francisco. c) Reja de entrada de Casa Padilla. d) Casa de la Independencia. e) Estatua de Juan Bautista Alberdi por Lola Mora. f) Frente de Casa Padilla.

Pág. 50. a) Ruinas de la capilla jesuítica de San José de **Lules.** b) Cañaverales. c) Casa de Gobierno. d) Patio con aljibe. e) Casa del Obispo Colombres. f) Lapachos en flor.

Pág. 51. **Villa Nougués.** Vista aérea.

TUCUMAN

p. 48. Cathedral of **San Miguel de Tucumán**; domes at sunrise.

p. 49. a) Poinsettias. b) The cloisters of San Francisco. c) Iron gate at the entrance of the Padilla House. d) Independence House. e) Statue of Juan Bautista Alberdi by Lola Mora. f) Façade of the Padilla House.

p. 50. a) Ruins of the Jesuit chapel of San José in **Lules.** b) Stands of cane. c) Residence of Bishop Colombres. f) "Lapachos" in bloom.

p. 51. **Villa Nougués,** aerial view.

a

d

b

e

f

c

a

TUCUMÁN

Pág. 52. a) Dique El Cadillal. b) Caña de azúcar. c) Construcciones de los indios quilmes.

Pág. 53. a) Parque de Los Menhires. b) Estancia "El Churqui" en **Tafí del Valle.** c) Paisano con guardamontes.

TUCUMAN

p. 52. a) El Cadillal Dam. b) Sugar cane. c) Constructions of the Quilmes Indians.

p. 53. a) Los Menhires Park. b) "El Churqui" Ranch in **Tafí del Valle**. c) Ranchhand with chaps.

b

c

a

SAN LUIS
Pág. 54. Arroyo Pasos Malos. Al fondo, **Merlo.**

Pág. 55. a) Cabras en **Carpintería;** al fondo, sierra de Comechingones. b) Cabra.en **Carpintería.** c) Arroyo Benítez en **Cortaderas.**

SANTA FE
Págs. 56-57. Monumento a la Bandera. **Rosario.**

FORMOSA
Pág. 58. a) Ganado de frontera. b) Horno de carbón.

Pág. 59. Palo. borracho. **Los Chezes.**

SAN LUIS
p. 54. Pasos Malos Stream. In the background, **Merlo.**
p. 55. a) Goats in **Carpintería:** beyond them, the Comechingones Range. b) Goats in **Carpintería.** c) Benitez Stream in **Cortaderas.**
SANTA FE
pp.56-67. Monument to the Flag. **Rosario.**
FORMOSA
p. 58. a) Frontier livestock. b) Coal oven.
p. 59. "Palo borracho" [drunken tree]. **Los Chezes.**

b

c

a

b

c

a

b

a

b

a

b

CATAMARCA

Pág. 60. **San Fernando del Valle de Catamarca:** a) Vista desde la **Cuesta del Portezuelo.** b) Iglesia y convento de San Francisco.

Pág. 61. a) Interior de la iglesia de San Francisco. b) Cardón en flor. c) Flor de cactus.

CATAMARCA

p. 60. **San Fernando del Valle de Catamarca:** a) View from the **Cuesta [Slope] del Portezuelo.** b) Church and convent of San Francisco.

p. 61. a) Interior of the Church of San Francisco. b) Cactus in bloom. c) Cactus flower.

c

a

b

a

b

CATAMARCA
Pág. 60. **San Fernando del Valle de Catamarca:** a) Vista desde la **Cuesta del Portezuelo.** b) Iglesia y convento de San Francisco.

Pág. 61. a) Interior de la iglesia de San Francisco. b) Cardón en flor. c) Flor de cactus.

CATAMARCA
p. 60. **San Fernando del Valle de Catamarca:** a) View from the **Cuesta [Slope] del Portezuelo.** b) Church and convent of San Francisco.

p. 61. a) Interior of the Church of San Francisco. b) Cactus in bloom. c) Cactus flower.

c

a

b

SANTA CRUZ
Pág. 62. a) Camino hacia **Río Gallegos.**
b) Caballos en la nieve en la **Bajada de Míguenz.**

Pág. 63. a) Tranquera de la estancia "La Anita". b) Alameda de "La Anita".

Pág. 64. a) Lago Argentino; vista panorámica. b) Lago Argentino; al fondo, el glaciar Perito Moreno.

Pág. 65. a) Glaciar Perito Moreno; desprendimiento de hielos. b) Reflejos de luz en el glaciar.

Págs. 66-67. Glaciar Perito Moreno.

a

SANTA CRUZ
p. 62. a) The road to **Río Gallegos.**. b) Horses in the snow in **Bajada de Míguenz.**

p. 63. a) Gate to the "La Anita" Ranch. b) Avenue of poplars on "La Anita".

p. 64. a) Lake Argentino; panorama. b) Lake Argentino; in the background, the Perito Moreno Glacier.

p. 65. a) Perito Moreno Glacier; Shoots of ice breaking off. b) Plays of light on the glacier.

pp. 66-67. Perito Moreno Glacier.

b

a

b

a

b

a

SANTA CRUZ
Pág. 68. a) Glaciar Upsala. b) Témpano;
al fondo, Glaciar Upsala.

SANTA CRUZ
p. 68. a) Upsala Glacier. b) Iceberg;
behind, Upsala Glacier.

b

a

SANTA CRUZ
Pág. 69. a) y b) Témpano del glaciar
Upsala.

SANTA CRUZ
p. 69. a) and b) Iceberg of the Upsala
Glacier.

b

SALTA
Pág. 70. Iglesia de San Francisco.

SALTA
p. 70. Church of San Francisco.

SALTA
Pág. 71. a) Patio interior del Cabildo. b)
Catedral.

a

b

SALTA
p. 71. a) Inner courtyard of the Cabildo
[colonial government house]. b) Cathedral.

a

SALTA

Pág. 72. a) Atrio de San Francisco. b) Iglesia de Nuestra Señora de la Candelaria de la Viña. c) Amanecer en **Cerrillos.** d) Patio interior de San Francisco. e) Monumento al general Martín Güemes. f) Mulas en la montaña.

d

SALTA

p. 72. a) Atrium of San Francisco. b) Church of Nuestra Señora de La Candelaria de la Viña [Our Lady of the Vineyard]. c) Sunrise in **Cerrillos**. d) Inner courtyard of San Francisco. e) Monument to General Martín Guemes. f) Mules in the mountain.

b

c

f

e

a

d

SALTA
Pág. 73. a) Casa de la familia Uriburu.
b) Vasijas artesanales. c) Convento de
San Bernardo. d) Casa de Hernández
(s. XVIII). e) Gaucho salteño. f) Cultivo
de tabaco.

b

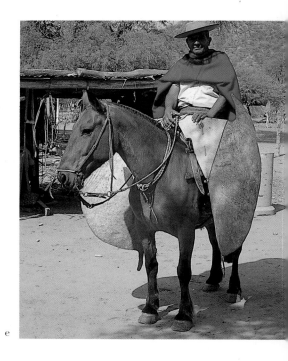

SALTA
p. 73. a) Residence of the Uriburu family.
b) Hand-crafted pottery. c) Convent of
San Bernardo. d) Hernández House (18th
century). e) Gaucho from Salta. f) Tobacco fields.

e

c

f

a

b

c

d

SALTA
Pág. 74. Valle de Lerma: a) Espinillo. b) Restos de construcciones. c) Formación geológica: "El sapo". d) Médanos.

Pág. 75. Vista de **Alemania.**

RÍO NEGRO
Págs. 76-77. Lago Nahuel Huapi. **Bariloche.**

SALTA
p. 74. Lerma Valley: a) Thorn bushes. b) Remains of buildings.
c) Geological formation "The Frog". d) Dunes.

p. 75. View of **Alemania.**

RIO NEGRO
pp. 76-77. Lake Nahuel Huapí. **Bariloche.**

RÍO NEGRO
Pág. 78. Capilla de San Eduardo, obra del arquitecto Alejandro Bustillo. **Villa Llao-Llao.**

Pág. 79. a) Hotel Llao-Llao. b) Vista del lago Nahuel Huapi desde el Centro Cívico de **San Carlos de Bariloche.** c) Centro Cívico, obra del arquitecto Ernesto de Estrada.

a

b

c

RIO NEGRO
p. 78. San Eduardo Chapel, designed by architect Alejandro Bustillos. **Villa Llao-Llao.**

p. 79. a) Hotel Llao-Llao. b) View of Lake Nahuel Huapí fromn the Civic Center of **San Carlos de Bariloche**. c) Civic Center, designed by architect Ernesto de Estrada.

a

b

RÍO NEGRO
Pág. 80. a) Alamos en otoño; cerro López.
b) Vista desde el cerro Catedral.

RIO NEGRO
p. 80. a) Poplars in autumn; Mount Lopez. b) View from Mount Catedral.

RÍO NEGRO
Pág. 81. Lago Moreno. Cerro Tronador.
Pág. 82. a) Muelle de la isla Victoria. b)
Arrayanes. c) Juego de luces entre los
árboles. d) Parque Nacional "Los Arraya-
nes".

NEUQUÉN
Pág. 83. a) Campo de golf de **Cumelén.**
b) Pesca de truchas en el lago Correntoso.
c) Lago Nahuel Huapi, **Cumelén.** d) Villa **La Angostura.**

RIO NEGRO
p. 81. Lake Moreno. Mount Tronador.
p. 82. a) Dock on Victoria Island. b)
Myrtles. c) A play of light among the
trees. d) "Los Arrayanes" [The Myrtles]
National Park.

NEUQUEN
p. 83. a) Golf course at **Cumelén.** b)
Trout fishing on Lake Correntoso. c) Lake
Nahuel Huapí, **Cumelén.** d) Villa **La
Angostura.**

a

b

c

d

82

a

b

c

d

CÓRDOBA
Pág. 84. Catedral y Cabildo.

CORDOBA
p. 84. Cathedral and Cabildo [colonial government house].

Pág. 85. Catedral de Córdoba: a) Vista desde la plaza San Martín. b) Nave central. c) Reja de entrada.

p. 85. Cathedral of Córdoba: a) View from the San Martín Square. b) Central nave. c) Ironwork gate.

a

b

c

CÓRDOBA
Pág. 86. a) Colegio de Monserrat. b) Patio del Colegio. c) Patio de la Universidad. d) Iglesia de la Compañía de Jesús. e) Arcadas del Cabildo. f) Palacio Ferreyra.

Pág. 87. Colegio de Monserrat, fachada.

CORDOBA
p. 86. a) Monserrat School. b) Courtyard of the school. c) Courtyard of the University. d) Church of the Company of Jesus. e) Arches of the Cabildo. f) Ferreyra Palace.

p. 87. Monserrat School, façade.

a

b

88

CÓRDOBA
Pág. 88. a) Calle de plátanos en **Colonia Caroya.** b) Paisaje serrano.

Pág. 89. a) Paisaje serrano. b) Campo de golf de **Villa Allende.**

Pág. 90. Iglesia de la estancia jesuítica de **Santa Catalina.**

Pág. 91. Patio interior del claustro de Santa Catalina.

CORDOBA
p. 88. a) Plane trees lining a street in **Colonia Caroya.** b) Landscape in the foothills.

p. 89. a) Foothills landscape. b) Golf course in **Villa Allende..**

p. 90. Church of the Jesuit Ranch of **Santa Catalina.**

p. 91. Inner courtyard of the cloisters of Santa Catalina.

a

b

CÓRDOBA
Pág. 92. Altar mayor de la capilla de
Santa Catalina.

Pág. 93. Iglesia de la estancia jesuítica
de Santa Catalina: a) Galería y arcadas.
b) Escalera del campanario. c) Patio. d)
Torre del campanario. e) Campana. f) Entrada de la galería del claustro.

CORDOBA
p. 92. Main altar of the Chapel of Santa
Catalina.

p. 93. Church of the Jesuit Ranch of
Santa Catalina: a) Porch and arcades. b)
Stairway of the belfry. c) Courtyard. d)
Belfry. e) Bell. f) Entrance to the cloisters
porch.

CHACO
Pág. 94. Hachero de quebracho en **General José de San Martín.**

Pag. 95. a) Gauchos a caballo. b) Río
Bermejo. c) Parque Nacional Chaco.

CHACO
p. 94. Woodsman cutting quebracho
[break-axe tree] in **General José de San
Martín.**

p. 95. a) Mounted gauchos. b) Bermejo
River. c) Chaco National Park.

a

b

c

d

e

f

a

b

c

a

CHUBUT
Pág. 96. a) Caleta Valdés. b) Vista de
Puerto Pirámides.

Pág. 97. a) Pingüino. b) Elefante marino
macho. c) Elefante marino hembra. d)
Pingüinera.

Pág. 98. a) Elefante marino macho. b)
Ballena franca del sur.

Pág. 99. Ballena franca del sur, frente a
Puerto Pirámides.

CHUBUT
p. 96. a) Caleta [Cove] Valdes. b) View
of **Port Pirámides.**

p. 97. a) Penguin. b) Male sea elephant.
c) Female sea elephant. d) Penguin colony.

p.98. a) Male sea elephant. b) Southern
whalebone whale.

p. 99. Southern whalebone whale off
Port Pirámides.

b

a

b

c

d

a

b

CHUBUT
Pág. 100. Antigua estación del ferrocarril. **Gaiman.**

CHUBUT
p. 100. Old railway station. **Gaiman.**

Pág. 101. a) Antigua locomotora, **Trelew.** b) Molino de agua, **Dolavon.**

p. 101. a) Antique locomotive, **Trelew.**
b) Water mill, **Dolavon.**

a

b

CHUBUT
Pág. 102. Bosque Petrificado "José Ormaechea", **Sarmiento.**

CHUBUT
p. 102. "Jose Ormaechea" Petrified Forest, **Sarmiento.**

CHUBUT
Pág. 103. a) y b) Vistas panorámicas del Bosque Petrificado. c)
Tronco petrificado. d) Rara formación de tronco petrificado.

CHUBUT
p. 103. a) and b) Panoramas of the Petrified Forest. c) Petrified
tree. d) Rare formation of a petrified tree.

a

CHUBUT
Pág. 104. a) Campos petroleros, **Comodoro Rivadavia.** b) Bomba extractora
(cigüeña) de petróleo.

CHUBUT
p. 104. a) Oilfields, **Comodoro Rivadavia**. b) Oil pump.

Pág. 105. Bomba extractora de petróleo,
junto al mar.

p. 105. Oil pump near the sea.

b

a

LA RIOJA
Pág. 106. **Anillaco:** a) Carro. b) Casa.
c) Remolino de viento y tierra.

Pág. 107. **Anillaco:** a) Iglesia de **Anilla-co.** b) La Virgen de **Anillaco.** c) Paisaje.

Pág. 108-109. Parque Provincial de Talampaya.

b

c

LA RIOJA
p. 106. **Anillaco:** a) Cart. b) House. c) Tornado.

p. 107. **Anillaco:** a) Church in Anillaco. b) The Virgin of Anillaco. c) Landscape.

pp. 108-109. Talampaya Provincial Park.

a

b

c

a

LA RIOJA

Pág. 110. Formaciones geológicas en Talampaya: a) "Proa" y b) "Cóndor". c) Petroglifos (rocas grabadas en tiempos prehistóricos).

Pág. 111. Lugares donde se hallan los petroglifos.

b

c

LA RIOJA

p. 110. Geological formations in Talampaya: a) "Prow" and b) "Cóndor". c) Petroglyphs (rocks etched by pre-historic aboriginals).

p. 111. Site of the petroglyphs.

a

d

MISIONES

Pág. 112. Ruinas de la misión de San Ignacio Miní. a) y d) Detalles arquitectónicos de la iglesia. b) Símbolo de la Compañía de Jesús. c) Inscripción A.M. (Ave María). e) Ventana de la iglesia. f) Casa de los aborígenes, paredón.

b

e

c

f

MISIONES

p. 112. Ruins of the mission of San Ignacio Miní: a) and d) Architectural details of the church. b) Symbol of the Company of Jesus. c) A. M. (Ave Maria) Inscription. e) Window of the church. f) House of the aboriginals, wall.

a

MISIONES
Pág. 113. a) Higuerón (árbol con raíces constrictoras) "abrazado" a una columna de las ruinas de San Ignacio. b) Interior de una de las casas.

Págs. 114-115. Iglesia de la misión de San Ignacio.

Pág. 116. a) y b) Vista aérea de las cataratas del río Iguazú.

Pág. 117. a) y b) Vista aérea de las cataratas.

MISIONES
p. 113. a) Ficus subtriplinervia "embracing" a column in the ruins of San Ignacio.

pp. 114-115. Church of the mission of San Ignacio Miní.

p. 116. a) and b) Aerial view of the falls of the Iguazú River.

p. 117. a) and b) Aerial view of the falls.

b

a

b

a

b

117

a

MISIONES
Pág. 118. a), b) y c) Pasarela sobre las cataratas del Iguazú.

Pág. 119. Una de las caídas de agua de las cataratas.

Págs. 120-121. Vista panorámica de las cataratas del Iguazú.

b

c

MISIONES
p. 118. a), b) and c) Bridge on the Iguazú Falls.

p. 119. One of the cascades of the falls.

pp. 120-121. Panorama of the Iguazú Falls.

a

b

122

SAN JUAN
Pág. 122. a) y b) Valle de la Luna. Formaciones geológicas.

SAN JUAN
p. 122. a) and b) Valle de la Luna [Valley
of the Moon]. Geological formations.

Pág. 123. "El capitel".

p. 123. "The Capital".

SAN JUAN
Pág. 124. Valle de la Luna: "El subma-
rino".

SAN JUAN
p. 124. Valle de la Luna: "The Submarine".

Pág. 125. Valle de la Luna: a) "Cabeza".
b) "Témpano". c) "El Loro". d) "Esfin-
ge". e) "Cancha de bochas". f) "Lámpara
de Aladino".

p. 125. Valle de la Luna: a) "Head". b)
"Iceberg". c) "The Parrot". e) "Sphinx".
f) "Bowling Green". g) "Aladdin's
Lamp".

a

b

d

c

e

f

a

b

MENDOZA
Pág. 126. a) y b) Caballos de Marly, Parque General San Martín.
c) Monumento al Ejército de los Andes. Cerro de la Gloria.

Pág. 127. Entrada del Parque General San Martín.

MENDOZA
p. 126. a) and b) Marly Horses, General San Martín Park. c)
Monument to the Army of the Andes. Cerro de la Gloria.

p. 127. Entrance to the General San Martín Park.

c

MENDOZA
Pág. 128. Escena de la vendimia. **Tupungato.**

Pág. 129. a) Trabajadora en la vendimia.
b) Uvas cosechadas. c) Envases.

Págs. 130-131. Transporte de la cosecha de uvas.

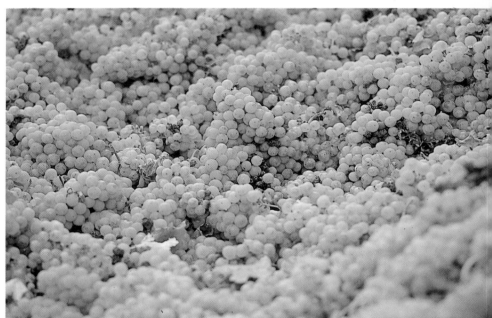

a

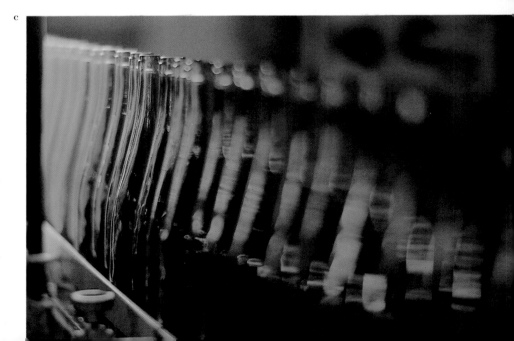

b

c

MENDOZA
p. 128. Scene of the grape harvest. **Tupungato.**

p. 129. a) Worker in the grape harvest.
b) Harvested grapes. c) Containers.

pp. 130-131. Transporting the grape harvest.

a

MENDOZA
Pág. 132. a) Vista panorámica de las termas. **Puente del Inca.**
b) Aguas termales surgentes.

Pág. 133. a) Frontera argentino-chilena. b) Villa turística de
Las Cuevas. c) Río cordillerano en época de deshielo. d) Monumento al Cristo Redentor. e) Cerro Aconcagua (6959 m). f) Arreo
a través de la cordillera.
Pág. 134. Complejo turístico "Las Leñas": a) Vista nocturna.
b) Medios de elevación.

Pág. 135. Actividades deportivas en "Las Leñas": a) Carrera de
esquíes. b) Vista de la montaña. c) Esquiadores a contraluz. d)
Partido de pato. e) Esquiadores. f) Carrera con saltos. g) Profe-
sores de esquí. h) Partido de pato.

BUENOS AIRES (Provincia)
Págs. 136-137. Vista panorámica de playa Bristol. **Mar del
Plata.**

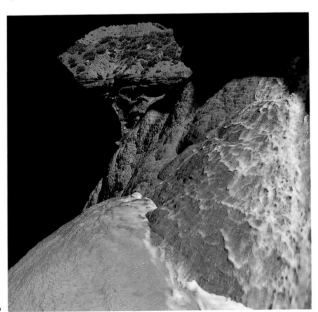

b

MENDOZA
p. 132. a) Panorama of the hot springs. **Puente del Inca.** b)
Hot springs.

p. 133. a) The argentine-chilean border. b) Tourist village of
Las Cuevas. c) Mountain river at springtime flood. d) Monument
to Christ the Redeemer. e) Mount Aconcagua (6,959 meters). f)
Round-up through the mountains.

p. 134. "Las Leñas" tourist complex: a) Nighttime view. b) Ski
lifts.

p. 135. Sports activities in "Las Leñas": a) Ski competition. b)
View of the mountain. c) Back-lighted skiers. d) "Pato" match.
e) Skiers. f) Race with jumps. g) Ski instructors. h) "Pato" match.

BUENOS AIRES (Province)
pp. 136-137. Panorama of Bristol Beach. **Mar del Plata.**

a

d

b

e

c

f

a

b

a

e

b

f

c

g

d

h

a

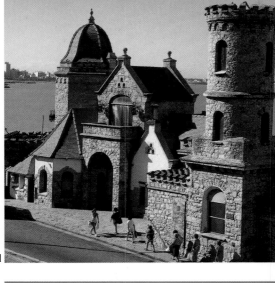

d

b

c

e

BUENOS AIRES (Provincia)
Pág. 138. **Mar del Plata:** a) Casino y playa Bristol. b) Playa Varese. c) Cabo Corrientes. d) El Torreón. e) Playa Grande. Pág. 139. Playa Bristol

Pág. 140. **Puerto de Mar del Plata:** a) Vista del puerto. b) Descarga de la pesca. c) Barcas en el muelle. d) Carnada. e) "Nasse" (cestos) para la pesca.

Pág. 141. Vista del Puerto de Mar del Plata.

BUENOS AIRES
p. 138. **Mar del Plata**: a) Casino and Bristol Beach. b) Varese Beach. c) Cape Corrientes. d) The Torreón. e) Grande [Big] Beach.
p. 139. Bristol Beach.

p. 140. **Port at Mar del Plata**: a) View of the port. b) Unloading fish. c) Fishing boats at the dock. d) Bait. e) "Nasse" (baskets) for the fish.

p. 141. View of the Port of Mar del Plata.

a

b

c

d

e

a

BUENOS AIRES (Provincia)
Pág. 142. "Villa Victoria", casa de la escritora Victoria Ocampo, en **Mar del Plata.**

Pág. 143. Haras "Ojo de agua" en El Dorado, laguna **La Brava:** a) Vista del campo. b) Padrillo. c) Yegua con potrillo.

b

c

BUENOS AIRES (Province)
p. 142. "Villa Victoria", house of the writer Victoria Ocampo, in **Mar del Plata.**

p. 143. "Ojo de Agua" Stud farm in El Dorado, Lake **La Brava:** a) View of the farm. b) Stallion. c) Mare with foal.

a

b

c

BUENOS AIRES (Provincia)
Pág. 144. Estancia "La Biznaga" en **Roque Pérez:** a) Casa principal. b) Galería de la casa. c) Detalles de ornamentación.

BUENOS AIRES (Province)
p. 144. "La Biznaga" Ranch in **Roque Perez**: a) Main house. b) Porch of the house. c) Details of the ornamentation.

BUENOS AIRES (Provincia)
Pág. 145. Frente de la casa principal de
"La Biznaga".

BUENOS AIRES (Province)
p. 145. Façade of the main house on "La
Biznaga".

JUJUY

Pág. 146. Iglesia de San Francisco.

Pág. 147. a) Casa de Gobierno. Plaza Belgrano. b) Catedral (s. XVII). c) Nave central de la Catedral. Púlpito (s. XVII) tallado en madera de ñandubay y cedro, recubierto con hojas de oro.

Págs. 148-149. Cerro de los Siete Colores. **Purmamarca.**

Pág. 150. **Purmamarca:** a) Registro Civil. b) Calle principal.

Pág. 151. **Purmamarca:** a) Cabras. b) Artesanías en madera de cardón.

Págs. 152-153. Calle de **Humahuaca.**

a

b

c

JUJUY

p. 146. Church of San Francisco.

p. 147. a) Government House. Belgrano Square. b) Cathedral (17th century). c) Central nave of the Cathedral. Pulpit (17th century) carved from gold-leafed nandubay wood and cedar.

pp. 148-149. Siete Colores [Seven Colors] Mountain. **Purmamarca.**

p. 150. **Purmamarca:** a) Enrolling office. b) Main Street.

p. 151. **Purmamarca:** a) Goats . b) Handicrafts in cactuswood.

pp. 152-153. Street in **Humahuaca.**

a

b

a

b

151

JUJUY

Pág. 154. **Humahuaca:** a) Una calle de la ciudad. b) Puerta de una casa. c) Calle. d) Esquina en ochava con ventana y farol.

Pág. 155. Vista de la ciudad de **Humahuaca** desde el Mirador de Belgrano (Torre de Santa Bárbara).

JUJUY

p. 154. **Humahuaca:** a) A city street. b) Door of a house. c) Street. d) Squared-off corner with window and lantern.

p. 155. View of the city of **Humahuaca** from the Mirador of Belgrano (Tower of Santa Barbara).

154

a

d

b

c

e

f

a

JUJUY

Pág. 156. Iglesia de **Huacalera:** a) Fachada. b) Campanario. c) Interior del templo. Iglesia de **Uquía:** d) Fachada. e) Campanario. f) Interior del templo.

Pág. 157. **Tilcara:** a) Pucará. b) Capilla. c) Interior de la capilla con altar mayor del mismo material que los muros.

ENTRE RIOS

Pág. 158. a) Eucaliptus. b) Flores silvestres en **Colonia Alemana.**

Pág. 159. Paisaje con flores en **Colonia Alemana.**

b

c

JUJUY

p. 156. Church in **Huacalera:** a) Façade. b) Belfry. c) Inside the church. Church in Uquía: d) Façade. e) Belfry. f) Inside the church.

p. 157. **Tilcara:** a) Pucará [aboriginal hilltop village]. b) Chapel. c) Interior of the chapel with main altar made of the same material as the walls.

ENTRE RIOS

p. 158. a) Eucalyptus. b) Wild flowers in **Colonia Alemana.**

p. 159. Landscape with flowers in **Colonia Alemana.**

a

b

a

ENTRE RIOS
Pág. 160. Palacio San José en **Concepción del Uruguay:** a) Ornamentación del jardín. b) Galería del frente. c) Patios interiores. d) Pintura estilo pompeyano de Juan Manuel Blanes.

Pág. 161. El mismo palacio: a) Fachada. b) Salón.

ENTRE RIOS
p. 160. San José Palace in **Concepción del Uruguay:** a) Ornamentation of the gardens. b) Front porch. c) Inner courtyards. d) Pompeian-style painting by Juan Manuel Blanes.

p. 161. The same palace: a) Façade. b) Salon.

d

b

c

a

b

a

b

ENTRE RIOS
Pág. 162. a) Estancia "Santa Cándida"
en **Concepción del Uruguay.** b) Parque
y Reserva Nacional "El Palmar" en **Colón.**

ENTRE RIOS
p. 162. a) "Santa Candida" Ranch in
Concepción del Uruguay. b) "El Palmar" National Park and Reserve in **Colón.**

Pág. 163. Puesta de sol en "El Palmar"
en **Colón.**

p. 163. Sunset in "El Palmar" in **Colón.**

a

d

SANTIAGO DEL ESTERO
Pág. 164. **Colonia Tinco**, amanecer.

Pág. 165. a) y f) Corrales en **Huaico Hondo.** b) Antiguo rancho. c) Carro con mulas en **Mansupa**. d) Paisaje. e) Cactus.

CORRIENTES
Pág. 166. El río Paraná a la altura de **Goya.**

Pág. 167. a) Esteros del Iberá. b) Palmar.

b

SANTIAGO DEL ESTERO
p. 164. **Colonia Tinco**, sunrise.

p. 165. a) f) Corrals in **Huaico Hondo**. b) Old rancho. c) Cart and mules in **Mansupa**. d) Landscape. e) Cactus.

CORRIENTES
p. 166. The Paraná River at **Goya.**

p. 167. a) The Iberá Estuary. b) Palm grove.

e

c

f

a

b

167

a

d

b

e

c

f

a

b

a

b

a

b

a

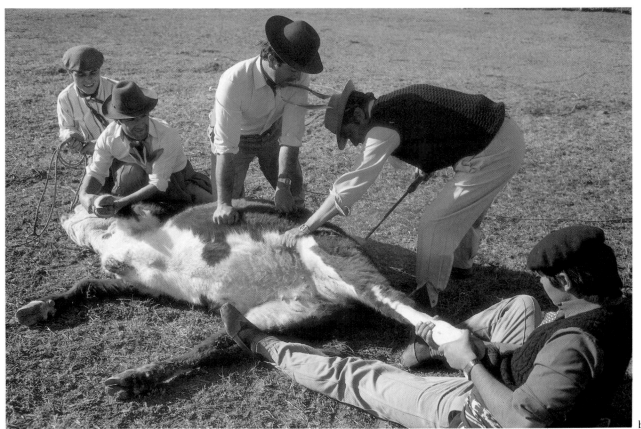

b

175

a

LA PAMPA
Pág. 176. a) y b) Arreo de ganado. Estancia "Don Manuel". **Rancul.**

LA PAMPA
p. 176. a) and b) Round-up. "Don Manuel" Ranch. **Rancul.**

b

a

d

b

c

e

f

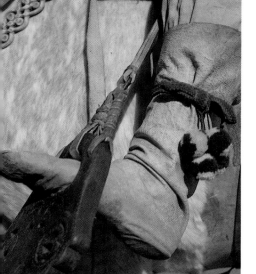

a

b

LA PAMPA
Pág. 180. a) Un alto en el campo. b) "Guitarreada".

Pág. 181. a) Parrillada. b) "Mateada".

a

b

LA PAMPA
p. 180. a) A stop in the countryside. b) Playing the guitar.

p. 181. a) Barbecue. b) Drinking "maté" [a kind of green tea].

LA PAMPA
Pág. 182. "Guitarreada" junto al fogón.

LA PAMPA
p. 182. Playing the guitar around the campfire.

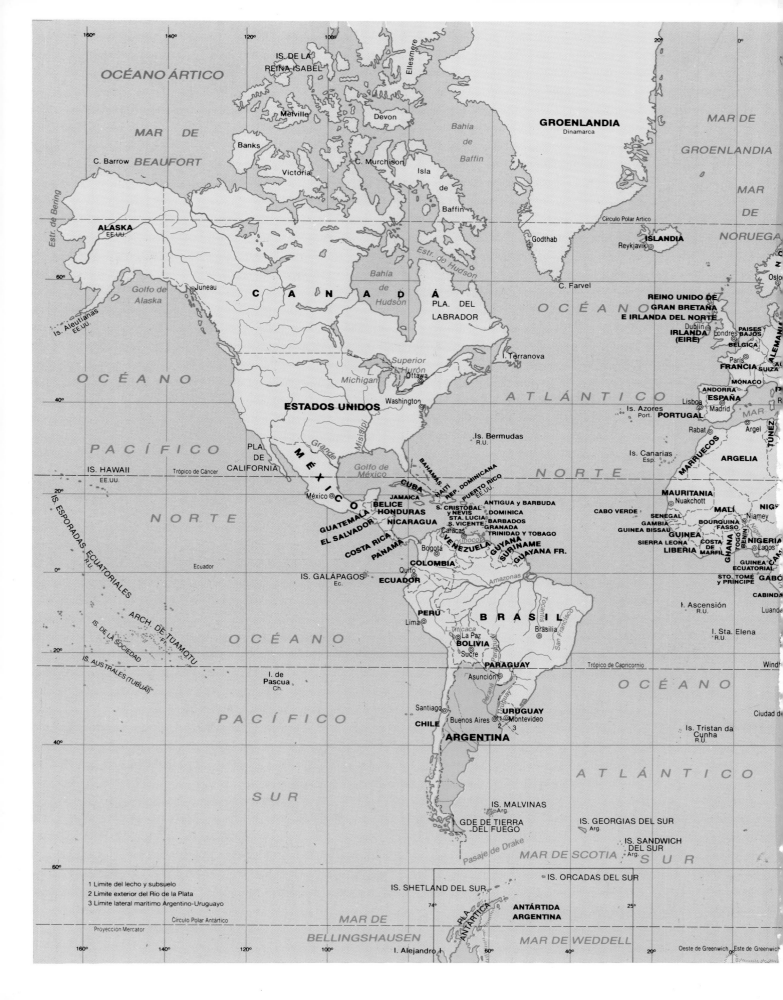

LA PAMPA
Pág. 183. Las luces del fogón reemplazan
la luz del sol.

LA PAMPA
p. 183. The light of the campfire replaces
the light of the sun.

Págs./ pp. 184-185.

ARGENTINA EN EL MUNDO

Argentina in the world

Cartografía de Guillermo Turco Greco

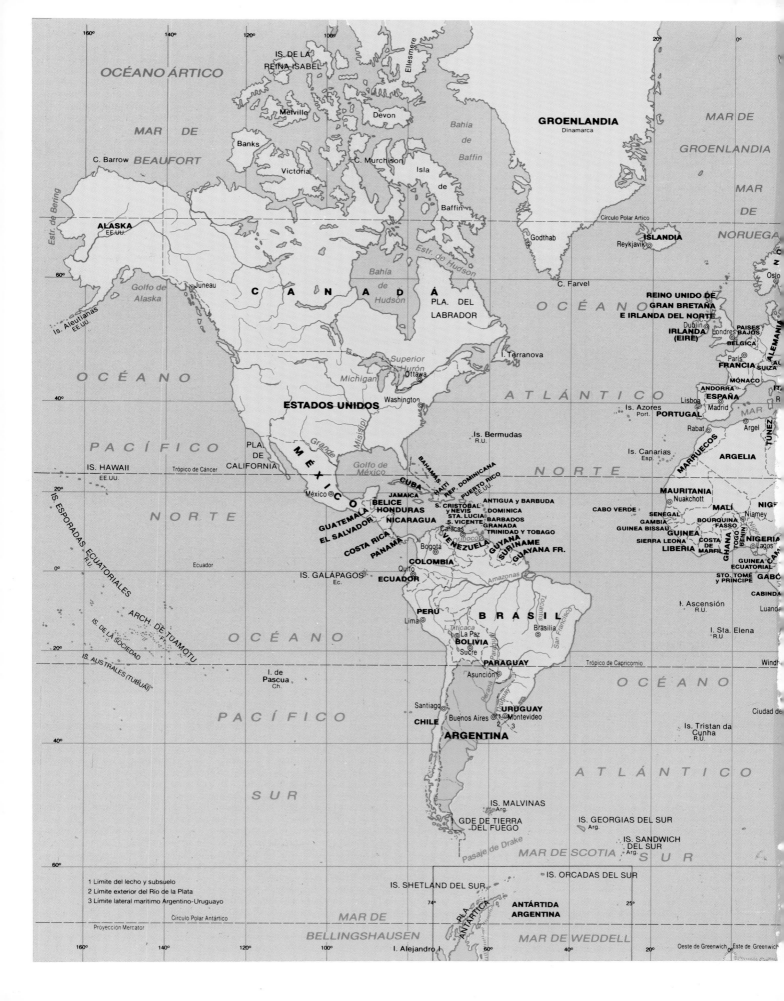

LA PAMPA
Pág. 183. Las luces del fogón reemplazan
la luz del sol.

LA PAMPA
p. 183. The light of the campfire replaces
the light of the sun.

Págs./ pp. 184-185.
ARGENTINA EN EL MUNDO

Argentina in the world

Cartografía de Guillermo Turco Greco

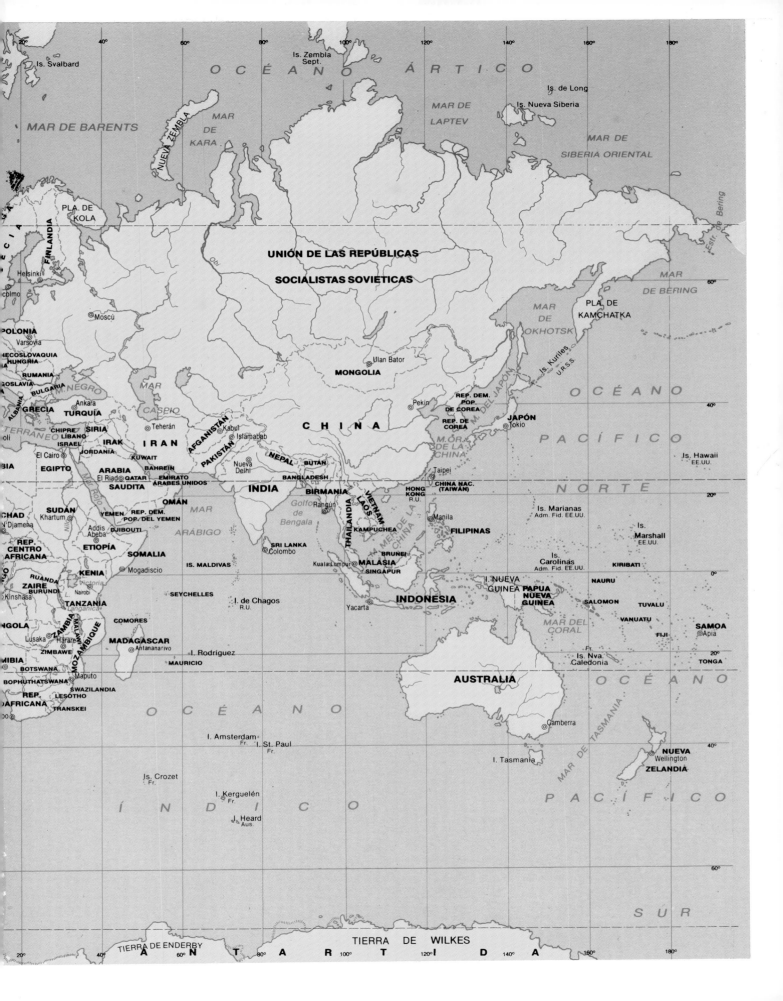

REPÚBLICA
ARGENTINA:
División política
de su territorio

*Political division
of its territory.*

REPÚBLICA
ARGENTINA:
Distancias
internas
y latitudes
comparadas

*Internal distances
and comparative
latitudes.*

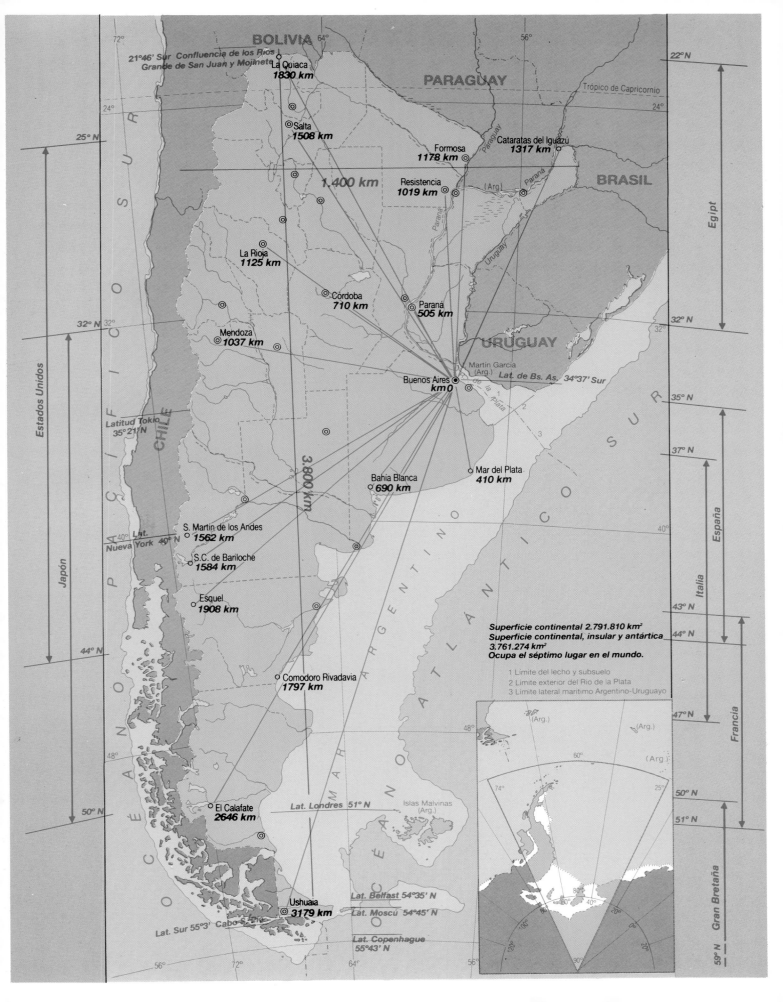

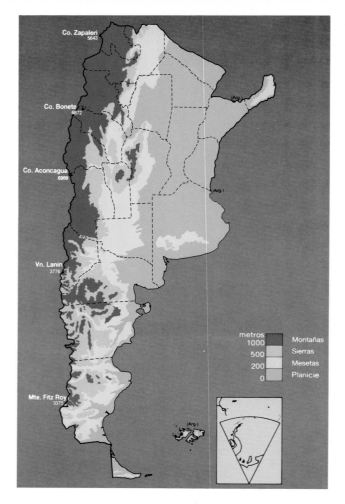

REPÚBLICA ARGENTINA:
Aspectos físicos de su territorio

Aspects of its territory's topography

Distancias aéreas, en millas, entre Buenos Aires y:

Atenas	7758
Berlín	7557
Caracas	3648
Ciudad del Cabo	5003
Chicago	6714
El Cairo	7411
Estambul	8108
Estocolmo	7892
Honolulu	8865
Lima	1951
Londres	6717
Los Angeles	6067
Madrid	6259
México D.F.	4584
Montreal	6365
Moscú	8478
Nueva Delhi	11032
Nueva York	6035
París	6930
Pekín	13947
Río de Janeiro	1232
Roma	7106
San Francisco	6470
Sidney (traspolar)	5617
Tokio	11616
Varsovia	7781
Viena	7579

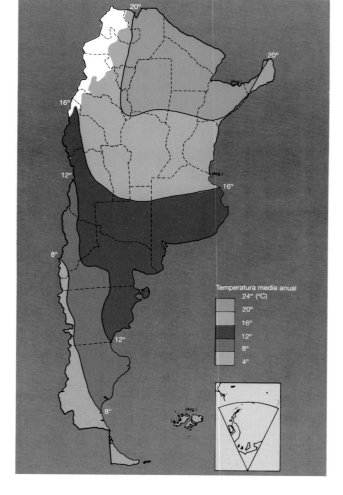

REPÚBLICA ARGENTINA:
Temperaturas medias anuales

Mean annual temperatures

REPÚBLICA ARGENTINA:
Climas

Climates

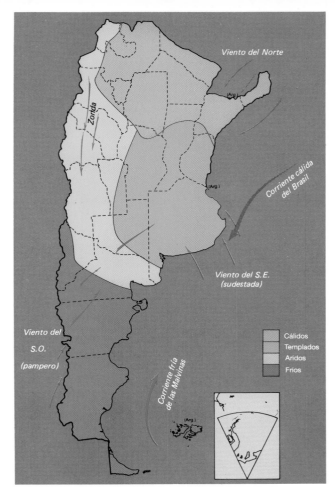

Viento del Norte

Zonda

(Arg.)

Corriente cálida del Brasil

(Arg.)

Viento del S.E. (sudestada)

Viento del S.O. (pampero)

Corriente fría de las Malvinas

(Arg.)

Cálidos
Templados
Aridos
Fríos

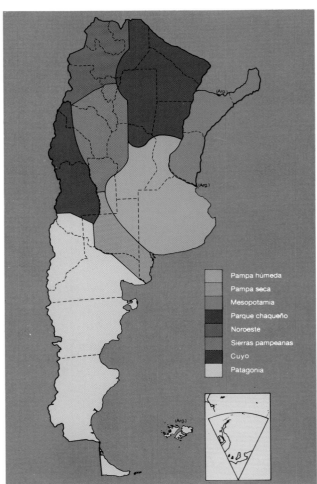

(Arg.)

(Arg.)

Pampa húmeda
Pampa seca
Mesopotamia
Parque chaqueño
Noroeste
Sierras pampeanas
Cuyo
Patagonia

(Arg.)

REPÚBLICA ARGENTINA:
Regiones naturales

Natural regions

ÍNDICE DE LUGARES Y DE TEMAS

*Al cierre de esta edición ha sido promulgada por el Poder Ejecutivo de la Nación la ley de provincialización de Tierra del Fuego. Resta que la nueva provincia dicte su propia Constitución e integre los poderes de su gobierno, por lo que no se cuenta aún con las directivas del Instituto Geográfico Militar para incorporar a esta publicación la nueva denominación de ese Estado argentino.

Traducción al inglés: Susan Rogers.

"ARGENTINA for export"

Aldo Sessa offers "*ARGENTINA for export*" to the tourist who arrives to our country with empty saddlebags and would like to fill them with surprises and memories; for those who live here, whether Argentines or foreigners, who want to possess the "pictures" that God has painted in this blessed land, alongside the marks of time and of man's hand.

With ready camera and sharp eye, Sessa has captured the places and the moments... and here they are-precisely the photos that we might have imagined we would take if we were, like him, both a consummate photographer and an accomplished artist.

As if the whole country had become "portable"... in the pages of a book; the impressive shots in it show the country's true physiognomy.

Going beyond the routine, however useful, tourist guides, Sessa leads the vanguard with *visual contrasts*, giving light and color the leading roles. To avoid monotony, he never hesitates to take us from one landscape to another over the immense span of the Argentine latitudes: from the tropics to the desert; from the roaring glaciers to the waving grasses of the pampa plain; from the high, nearly inaccessible peaks to foothills landscapes with babbling streams. In the same way, he leads us from the southern alpine forests to jungle tangle, to the spiny vegetation of arid lands, without forgetting the trees of the city, triumphant in their asphalt jungle.

In this interplay of contrasts, the peace of the flowering field in Entre Rios competes with the threatening bulk of the big-city buses; the impressive uniform of the guards of the Granaderos Regiment vies with the no less elegant outfit of the gaucho from Salta or the exquisite local saddlery; the bright red of the poinsettia with the earthy color of the desert; the quiet of the Andean lake, guarded by mountains and upstanding pines, with the fury of the sea off the naked Patagonian coast or the roar of the falls rushing down through the jungle; the noblest humility of primitive churches with the ostentatious Barroque churches in Cordoba; bucolic scenes of mountain goatherds, with the finestbred show animals in the Rural Society in Palermo; the gray skies, frost and snow of the southern plateau, with the sunset illuminating tropical palms; the strange geological monuments carved by wind and water, with the refined statues of parks and gardens; the man chopping the bark from the hard trunk of the break-axe tree and the women's hands gathering grapes; the quiet solitude of a village street in the Quebrada de Humahuaca, with the agitation of the city, overflowing with vehicles and forever-rushing people...

In "*ARGENTINA for export*", we thus see how the tango and its instrument, the bandoneon, in the La Boca neighborhood, cohabit with the fresco by Soldi on the dome of the Colon Theater, the races in San Isidro, the cries of the fans in the football stadium graphically dubbed "The Candy-Box", bronc-busting, the sweep of ponchos in the round-up on the pampa and a decisive polo match.

In this contrasting order in which nothing whatsoever is there by chance, we are struck by an evident *naturalness*: this is because everything is exactly as we see it, without any "correction" in the laboratory... The task is only apparently simpler: it is more painstaking, more time-consuming; dozens of shots sometimes yield *one* photo that satisfies the artist, if they do at all... An example is that although all the provinces of Argentina were included in this book, the number of images of each is different and does *not* reflect relative geopolitical importance; it results only from the careful choice Sessa makes of his shots and of the role he makes each of them play in this nearly musical composition of images.

After the initial thrill, many will feel curious and seek ways to work a number of the places Aldo Sessa "describes" into future itineraries, suiting the moments to their own taste... They will find assistance in the pages of "*ARGENTINA for export*" where a careful selection of maps shows the location of the Argentine Republic in the world, its great expanse, its internal distances, the situation on the same latitude (in the Southern Hemisphere) of the best-known cities and countries in the world; there is also a map of the country's political divisions; four small maps describe its physical characteristics. The book's index follows the sequence of the photos.

The objective of *showing the country through its contrasts*, with the idea of holding the lively interest of those who travel the pages of "*ARGENTINA for export*", created the need for a text to provide a frame and also guide and inform the reader about the places and subjects illustrated by the photos, as well as their regional surroundings within the broader Argentine geographical scheme; this is the function of the pages introducing the photographic material in this book.

We hope that "*ARGENTINA for export*" satisfies the desire of both foreigners and Argentines to "have on hand" all that we would like to experience and enjoy in this country.

ARGENTINA. The Country.

The harmonious distribution of its topography facilitating communication between the most distant extremes of its immensity, the fortunate array of climates, the abundance of arable land, availability of water for irrigation and for power, subterranean hydrocarbons; the people whose high level of culture and acknowledged technical and professional capacity permit them to take advantage of all that progress, civilization and culture offer, who have no racial or religious conflicts, make Argentina the country where people from all corners of the Globe con feel at home.

BUENOS AIRES.
Federal Capital of the Republic.

Each inhabitant of this port city, man or woman, feels that Buenos Aires belongs to him or her and so it's very difficult to say anything at all about the city. Because Buenos Aires is "just as it is"... it has neither great failings nor extraordinary graces. We love it, that's all... Buenos Aires is its streets and avenues, well paved or not; its modest neighborhoods, others not so modest and yet others that are opulent. Its buildings are most elegant in the best Parisian or London style in many parts; it is "landscaped" with towers and skyscrapers in others, there are whole neighborhoods done in exquisite good taste; and often, one must admit, helter skelter, heterogeneous and out of step with style of any kind. In its infernal traffic, the lurching buses or "colectivos" are the naughty little devils...
Buenos Aires is many things... Let's begin with the *trees*, a strange place to start in a large and populous city. "The Trees of Buenos Aires"! Trees everywhere, not only in the parks, designed by prestigious landscapers like *Carlos Thays*, who created the *Botanical Gardens*; in this park, more than 5 thousand species of plants from all climates, arranged with scientific criteria, share the grounds with bridges, statues and buildings of high artistic quality. In *Belgrano* and in *Palermo*, the streets are green tunnels; many of their trees have evergreen leaves. Others bloom, like the tipa [yellow flowers] and the jacaranda [purple flowers], covering the pavement with color; many a traffic light makes desperate efforts to get its signals through the tangle of branches, leaves and flowers... While in the *3 de Febrero Park* the *Rose Gardens* show their finest garb, the *Andalusian Patio* its enamelled tiles and the terebinth tree sways over the lake; near the *Recoleta*

Cemetery, the immense, all-embracing rubber tree attentively meditates on the dialogues it hears from the bar tables beneath: love, economy, politics; not far off, the *umbra tree* stretches out lazily, captivated by the perfume of the opulent *magnolia*. Farther on, the *lindens* and the *mulberry trees* herald the Spring. A multitude of *jacarandas* adorn everything with their violet-colored flowers, even before putting out their new leaves; not to be outdone, the *palos borrachos* [literally, drunken trees] dress up in pink to say goodbye to summer. All of these, along with the upright *palms, oaks, pines* and *cedars*, inhabit the *parks of Buenos Aires*, possibly the best-wooded in all the world.
Buenos Aires is its fifty neighborhoods. Framed by a 200 square-kilometer polygon, its sides are the *General Paz Avenue*, the *Riachuelo* and the *River Plate*; however, the zone of influence of the Federal Capital extends into the suburban districts in the Province of Buenos Aires, forming the *Greater Buenos Aires* area. Some of these suburbs —*Vicente López*, *San Isidro, Tigre*, the *Paraná Delta, Bella ·Vista, Hurlingham, Adrogué*, among others, with their clubs, weekend or year-round homes, gardens and parks, form the city's extension and also its relaxation. Founded in 1580 by Juan de Garay (the so-called "first foundation" was actually only a precarious settlement). Buenos Aires lies on the banks of the Plate, wide and proud as a sea, but with fresh waters and "the colors of a lion". The porteños [port dwellers] would like to have their river nearer yet and to enjoy it in all its grandness without the obstacles set by the docks of the port, the power plants, the grain elevators, the train tracks... The *Costanera* [Coastal] Avenue partly satisfies their desires, and so do the upper floors of the tall and beautiful buildings that line the "lower" avenues: *Colón, Alem*, and *Libertador*.
Buenos Aires is designed like a checkerboard: its streets cross each other ar right angles. Only a few diagonals interrupt this system. One long avenue, *Rivadavia*, runs from east to west, dividing it into two nearly symmetric parts. The *9 de Julio* Avenue, more than 100 meters wide, will soon run all the way through from north to south, its center decorated by the *Obelisk, the modern symbol of the city, built by the architect Raul Prebisch. This is the point of convergence of Co-rrientes* and *Diagonal Norte* Avenues. When speaking of avenues we must mention the very Spanish and very Argentine *Mayo Avenue* that links the palace of the *National Congress* with the *Casa Rosada*, seat of the Executive Branch of the national government, on the *Plaza de Mayo* Square. We shall give in to the temptation and name some of the buildings in monu-

mental Buenos Aires: The *Correo Central* [Central Post Office], the *Palacio de Justicia* [Court House], the headquarters of *national and foreign banks*, the *new buildings in Catalinas*, alongside the beloved buildings of its centenary *churches: San Ignacio, San Francisco, Santo Domingo, Nuestra Señora de la Merced*. A chapter apart should be reserved for the *Sculptures* that populate the parks, gardens and avenues, whose beauty, elegance and the valuable signatures underwriting them, surprise the passerby. Evidence of this is the incomparable sight of the *Monumento de los Españoles* [Monument of the Spaniards] by Agustín Querol; the *monument to General Carlos María de Alvear* by Antoine Bourdelle, who also sculpted *"The Wounded Centaur"* and *"Heracles"*; *"The Captive"* by Lucio Correo Morales; *"The Nereids"* by Lola Mora; *"Hymn to Work"* by Rogelio Yrurtia; *"The Archer"* by Alberto Lagos; the *monument to Nicolás Avellaneda* by José Fioravanti and, by Auguste Rodin, *"Sarmiento"*. Many mansions and palaces built around the turn of the century as private residences are occupied by museums, embassies and other institutions, thus saving them from the jackhammer of progress. Beautifully preserved and finely fitted out are, among others, the *Palacio Errázuris*, which houses the Museum of Decorative Art and whose architect, René Sergeant, was inspired by the façades by Gabriel that surround the Place Vendôme in Paris; the *Palacio Anchorena*, now the Ministry of Foreign Relations; palaces housing the embassies of Italy, the United States of America and of Brazil (the last two also by Sergeant) and of France, the *Papal "Nunciatura"*, the *Military Circle*, the *Fernández Blanco Museum* in American Baroque style; the home of writer *Enrique Larreta*, now the *Museum* that carries his name, in pure Spanish style. We must also admire the beauty of the architecture that surrounds Carlos Pellegrini Square in the Retiro district.
In spite of its relatively short history, Buenos Aires is replete in memories more ·than in material evidence, since most of it has disappeared over the years. However, in safe corners of our memory, in letters and documents that have been preserved, it is easy to investigate the past and to reconstruct it accurately. The *Plaza de Mayo*, the former Plaza de la Victoria, is the cornerstone of the past; the *Cabildo* is its oldest witness; the *Metropolitan Cathedral*, in Neoclassical style, guards the mausoleum containing the remains of General José de San Martín. South of the Plaza we encounter the neighborhoods of *Monserrat* and *San Telmo*; in the one- or two-story residences that remain, some of them with grillwork, large courtyards and a well— the *Santa*

Casa de Ejercicios Espirituales [Holy House for Religious Retreats] being an excellent example of this style of building —one might imagine the voices of many of the men and women who live on in the pages of our History; *Lezama Park*, another example of the amalgamation of nature with art, is nearby. In *Recoleta*, now one of the favorite and most elegant of the city's places to visit, we find the *Basílica Menor de Nuestra Señora del Pilar*, built in the 18th century, and the *Cementerio del Norte*, commonly called the Recoleta, built in 1822 in the style of the cemeteries in Genoa or in Milan; some of its tombs and mausoleums are works by famous artistis like José Fioravanti, Pedro Zonza Briano —who sculpted the "Redeemer" on the main pathway— Alfredo Bigatti and many more. Other chapters of our new History can be found in the parks and squares, houses and churches of the neighborhoods of *Belgrano, Balvanera, San Nicolás, Retiro* and others.

Buenos Aires is its people. The Capital and surrounding suburbs embrace 10 million inhabitants. If we stroll down Florida, one of the busiest pedestrian thoroughfares, we are amazed by the *"Babel"* of races and nationalities around us and by the diversity of tongues or simply accents that they use in their conversations. All these people are the same ones who live in the neighborhoods of this port city and who share it among themselves without conflicts referring to origins or religions. This is the reason behind the profile of the people of Buenos Aires: cordial, open, spontaneous, warm.

The city hosts the most important of the national universities, various private universities, high schools, traditional schools, academies and research centers; at the same time, it is frequently chosen as a meeting place for national and international meetings, symposiums and congresses in all areas of knowledge. The *National Fine Arts Museum* on Libertador Avenue houses a large quantity of paintings and sculptures of all epochs and schools. Public, state and private libraries and diverse archives are at the service of scholars and dilettantes. The *Galileo-Galilei Planetarium*, set in the beautiful Palermo gardens, is very well organized and able to offer valuable information on the latest advances in Astronomy and Astroscience to students and scholars. Leaving the Planetarium and walking towards *Plaza Italia*, we go down the splendid *Sarmiento Avenue*, flanked on one side by the *Zoological Gardens* where children as well as the adults with them are delighted by the exotic animals and by the no less exotic constructions that house them; on the other side, we pass the 3 de Febrero Park and come to the property where the *Argentine Rural So-*

ciety holds the *National Livestock and Industrial Exposition* each year in July and August. The multitudes who attend this "country festival in the city" can appreciate, in the spectacular animal specimens exhibited there, the effort made in this country to preserve the prestige of having produced some of the world's finest livestock.

As for nightlife, Buenos Aires has a wealth of theaters and movie houses. The *Colón Theater* is one of the most famous opera houses in the world; its beautiful building, like that of the *Cervantes National Theater*, is an architectural jewel: the Colón is an example of turn-of-the-century construction; the Cervantes is in the purest Spanish plateresque style.

In questions of sports, futbol [soccer] in Buenos Aires is far more than a spectator sport: it is a passion that goes beyond limits of age and socio-economic condition, is above political differences and invades everything.. The matches between *River Plate* and *Boca Juniors*, the two clubs having the largest number of fans, steal the foreground of daily news in all the mass media. "Soccer polemics" begins in the home, breaks loose in the stadium, is prolonged in school, in the doctor's office, in all offices, in university seminars… There are certainly no fewer fans of the *turf*, called "the burros" in slang; the two great racetracks: the Buenos Aires in Palermo and the San Isidro in the Province of Buenos Aires, belong to the Jockey Club; they are stages where horses from famous Argentine as well as foreign stud farms show off their colors. Our *polo* proudly exhibits 40-handicap teams, among the best in the world, whose mounts are internationally famous for their excellent quality and training.

We cannot conclude this description of Buenos Aires without turning our attention to one of the most attractive areas for tourists' visits as well as for the pleasure and recreation of the inhabitants of this big city. The town of Tigre —"the Tigre" for us port-dwellers— is the port of departure for the *Paraná Delta*, whose description the reader will find further on; not many kilometers from the center of Buenos Aires, the traveler can fully enjoy a half-wild, semi-tropical landscape. An excursion through its rivers and canals in any of the many types of boats available is a memorable experience. No less memorable is a stroll through suburban *San Isidro*, full of history and of admirable homes and gardens. Back in the city, one can enjoy the best international cuisine and also have the pleasure of tasting the best beef in the world in steakhouses established either in the heart of the city or on the *Avenida Costanera* [Coastal Avenue]. Not without pride, the city offers streets and avenues —*Florida, Santa Fé, Alvear, Arenales, Callao* and others—

where the stores are showcases for the outstanding elegance and good taste of both men's and women's clothing and accesories; the same can be said of the objects providing beauty and comfort for the home, the office and the garden. Even in the periferal neighborhoods, certain streets group shops which boast of the Argentines' good taste and predilection for things well made and well displayed; such is the case of *Cabildo Avenue* in the Belgrano district. A worthwhile tour can be taken through *San Telmo*, which has become the domain of the antique dealers, especially on Sunday, when the Coronel Dorrego Square is transformed into the *"San Telmo Fair"* where "old" things as well as real antiques can be discovered and purchased. In San Telmo, in La Boca (Caminito Street) and other places in the city, the visitor can listen to the *tango*, deeply rooted in popular tradition, see it danced by experts or even do it if he or she so wishes. The names of [tango singers and composers] Carlos Gardel, Homero Manzi and Julio De Caro are associated with its beginnings and are "present" in all these places.

THE MOUNTAIN AND THE PLATEAU

THE NORTHWEST

This includes the Province of Jujuy and part of the provinces of Salta, Catamarca and Tucumán.

The Puna [high tableland] in the northwest affords a strange, peculiar panorama: the august severity of the high plateau where the white wind, clumps of ichu [a coarse, bristly grass] and the cacti reign sovereign. In the domain of the subandean ranges, the mountains are old, shaped by earthquake, wind and water; ravines carved out by the rivers are doors opening onto the magnificent amphitheaters of the valleys. In all, a complex landscape whose searing days under cloudless skies give way to freezing nights; it varies from the most arid conditions where only the wiry desert grass survives in the west, to the eastern tropical forest rich in marvelous flowering trees, the jacarandas and lapachos [catalpa]; in the center of this region, stands of upright giant cacti on hills and in ravines form the habitat of guanacos, alpacas, vicuñas and llamas. This is where the conquerors arrived from Peru and this is where they stayed; even today, the valleys lodge very old towns which embrace the zealous symbiosis between the aboriginal and the Hispanic veins. This explains the survival of ancient agricultural techniques along with those the Spaniards brought over, the clothing in which the Indian poncho mixes with the shawl women use just as in Madrid or in Andalusia, the charming embroidered wrappers or blouses, the Indian sandals and the rich folk music, not to mention the religious celebrations which combine the purest pantheism with the most refined Christian beliefs. The men who came afterwards with their oil rigs, their dams, their technified farming and ranching, their blast furnaces or uranium mining, ,feel pleasantly trapped in the nets of solidly-woven traditions and willingly drink the red chicha (liquor made by fermenting peanuts) they are offered on the roadside, wear the red Calchaquí poncho or the red and black Salta poncho and enjoy the delights of evening on the cool porches of red-roofed houses. A well-stocked archeological treasury for students and researchers, a showcase for folk music whose melodies reach far beyond the region, legitimate traces of Hispanic art, beautiful and unusual landscapes, signs of modern and promising economic activity, all make the northwest one of the most atractive tourist areas in Argentina. Just a few of the realities of this region that the traveler can put into his saddlebags are: In La Quiaca in Jujuy, all the color of *"La Manca Fiesta"*, one of few swapping fairs still held in the country; the visit to *Humahuaca* in the deep valley of the same name, the entryway to the Puna and a remarkable archeological deposit; nearby, in Tilcara, the accurate reconstruction of the *Pucará* and the symphony of colors on the mountain in *Purmamarca*. In *San Salvador de Jujuy*, the marvellous nandubay [hard, red wood] carved *pulpit in the Cathedral* and the *Church of San Francisco*: in *Uquía*, the town's *church* whose architecture is characteristic of the Altiplano. Going on to Salta, the roads lined with lapachos, carob trees [a tree with purple flowers and edible fruit] and palos borrachos ["drunken tree" with bulbous, spiny green trunk and splashy pink, yellow or white flowers] in the Lerma Valley lead to the impressive *Toro Valley* that can be crossed on the "train of the clouds". Leaving *Cafayate*, in the deep valley with the same name, the spectator's attention is drawn to the vegetation and the strange forms carved in the mountain by the weather. *Salta*, rich in tradition, attracts admirers with its capital, Salta "the beautiful", its *Cathedral*, *Cabildo* [colonial government house] the *Church of San Francisco*, the *Convent of San Bernardo* and especially its old houses; in the other cities and towns, a rich vein can be discovered in mixtures of piety, history and folklore like the *Feast of the Milagro*, or *of the Candelaria*, *Carnival* or the *"Guardia bajo las estrellas"* [Vigil under the stars]. And in the midst of difficult terrain, fields are covered with tobacco, grapevines, sugarcane and grains; there is abundant livestock, especially relatives of the camel and sheep, and also forestry, mining, oil and gas production and hydroelectric projects. *Tucumán*, on the only route in colonial times between Alto Perú and Buenos Aires, was a scenario for events of the Conquest and later history. The rapid growth of its population was due to the number and variety of its natural resources: in a short time, Tucumán, the smallest Argentine province, became one of the most densely populated areas of the country. Its capital, *San Miguel de Tucumán*, where Independence was declared on the 9th of July, 1816, is now a rich agroindustrial center and the seat of the *National University of Tucumán*, one of the country's most important cultural centers. The exclusive cultivation of sugarcane and the establishment of sugar refineries has been supplement by other crops and by the establishment of diverse industries producing machines, transport vehicles, electronics, paper, etc. Tucumán, called "the garden of the Republic", offers the traveler very beautiful spots, full of tradition, like *Tafí del Valle*, *Villa Nougués* and *Quilmes*.

THE CUYO REGION

This includes the andean area and the Piedmont plains of the provinces of La Rioja, San Juan and Mendoza.

As far down as northern Neuquén, in the stony semidesert of the Arid Andes, domain of the *Aconcagua* and of other mountain giants, the oases of cultivated fields spring up like miracles along the banks of rivers that flow fron the ranges down canals and irrigation ditches, guarded by the cool poplar groves. There, the olive trees and the grapevines calm the nostalgia of men born in the sunny lands of the European Mediterranean and their descendents. Children of immigrants, mainly Italians and Spaniards, they form a unique ethnic group in the mediterranean lands of South America; unlike the other andean areas of the continent, there is practically no trace of the aboriginal population. In the oases created by the rivers and expanded by man's labor, the original cultivation of the grape has been supplement ed with fields of vegetables and orchards of olive and fruit trees, as well as herds and flocks. When Spring arrives, the Cuyans, like their European ancestors, climb the mountain with their animals in search of tender pastures, especially for the cows; the sheep and goats go along with them, though being less demanding they browse on the edible parts of the spiny vegetation of the monte [drought-resisting bushes]... An important mining region with limestone, marbles (Travertine in San Juan), fine clays, and also metals and uranium, its *petroleum* production is the most important of all, carrying considerable weight in the national power quota; *Luján de Cuyo* in Mendoza is one of the country's main refineries. To speak of industry in the Cuyan provinces is to speak first and foremost of *wines*; produced with high technology as well as exquisite craftsmanship, legitimately inherited, they compete with the best wines in the world. The high rates of both production and consumption in this region have encouraged many large industries in the country to set up branch plants here. The high mountains are Paradise for climbers from all over the world; international centers for winter sports with very modern infraestructures have become especially important in recent years. Other landscapes, lacking the pleasures of snow or of oasis but no less beautiful, stretch toward the east; such are the sandy, salty plains of the *travesía* [the trek], which inspired passages of Sarmiento's famous novel, *Facundo*, or the natural monuments in the *Valle de la Luna* [Valley of the Moon] in San Juan, fashioned by wind and water, whose strange shapes and archeological reserves astonish visitors. When they arrive in Cuyo, they are first struck by the snowy peaks and then by the happy chant in the irrigation canals that crisscross the fields, making plant growth possible. Wineries and vineyards will be on the itinerary and in March, they will enjoy the *Wine Harvest Festival*. The traditional "wine road", formed by the towns of *Tupungato*, *Maipú* and *Luján*, has received its name from the quantity of wineries on the way and is one of the most famous oases on the American continent; its particular microclimate provides optimal conditions for the production of the best grapes and the finest wines. In the *city of Mendoza*, they can visit the historical spots that witnessed the life of General José de San Martín, the Liberator: the house where he lived, documents of the Andes Campaign, the flag of his army. They can also admire the design of the park named after the Libertador, done by the French architect, *Carlos Thays*, a magnificent sampler of tree species brought from all over the world; this Park slopes up onto the *Cerro de la Gloria* with its Monument to the Army of the Andes. Outside the capital, there are famous spas like *Cacheuta* and *Villavicencio* and the now half-abandoned but no less famous *Puente del Inca*; also, the tourist village of *Las Cuevas* and not far from there the *Monument to Christ The Redeemer*, and the famous ski centers in *"Los Penitentes"*, *"Potrerillos"* and the newest and most spectacular tourist resort of "Las Leñas" in Los Molles near Malargüe. In cultural matters, Mendoza is home to the

University of Cuyo, which has various departments, schools and interesting museums. *San Rafael*, the province's second city, was an outpost in the conquest of the Desert; a few kilometers away, the *Nihuil Dam* can be admired. *San Juan* participates in the energetic development of the wine industry with the same natural and human resources that characterize the entire region. The capital city is the scenario immortalized by Sarmiento in his book, *Recuerdos de Provincia* [Memories of the Province]. The *National Sun Festival* in the month of August and the Ifchigualasto Provincial Park, called *"Valle de la Luna"* which has already been mentioned, are a few of other attractions in the Cuyo region, "land of the sun and of good wine".

PATAGONIA

This includes the southern part of the province of Mendoza, the provinces of Neuquén, Río Negro, Chubut and Santa Cruz and Tierra del Fuego with its islands and archipelagos.

On the map, there is an enormous inverted triangle with an area of 750,000 square kilometers; its bases lies on the southern limits of Cuyo and of the Pampa and its apex in the south is the *finis-terrae* [land's end] of the country before it leaps to the frozen domains of the Antarctic. The generalized name of Patagonia defines, however, *two very different landscapes*: the *andean* to the west and the high plateaux to the south that drop in terraces down toward the ocean and sink into its waters.

The Patagonian Andes

From latitude 36 on down toward the south, *the andean mountain* leaves behind its stony, arid mien; at this point, the moist winds from the Pacific dampen its valleys and so its slopes dress in green forests that climb its heights. It is a splendid sampler of tree species, some of them unique among the world's flora: the tall and slender "pehuén" [monkey puzzle] pine, the portly "coihue" [Chilean evergreen beech], the gigantic larches, the oaks, the raulí [another type of evergreen beech] the beautiful myrtles, the many other beeches... are reflected together with the snow-capped peaks in the transparent greens and turquoises of the lakes, reigning over the violets, the wild strawberries and white lilies, competing favorably with the most treasured alpine scenes... Its settlers see it this way, many of them Europeans and their descendents who brought their customs and handcrafts to these places which they inhabit without nostalgia, lending their love to an environment they adapted to with ease. It is often the traveler, attracted by the

landscape, the big game hunting, the trout fishing, the colorful sight of the famous ski slopes, the excellent cuisine, the affable people, who decides to return, sometimes to make his home there. Farther south, as far down as Tierra del Fuego, *the glaciers*, enormous fields of ice, begin to hurl their shoots of ice down into the lake in an impressive, thundering show of might as soon as the caressing sun warms them; this experience is invariably described by travelers who have been to the *Moreno* and the *Upsala*, the latter considered the largest in the world, on Lake Argentino; a boat trip on its waters, among the ice floes, is a thrilling experience. Thus we get to where the land ends... where the lenga [a brech], the nire [a high-altitude evergreen beech] and the cinnamon tree defy the winds that sweep the grassy steppe, impetuous rivers, glaciers and swampy peat bogs, a fitting final curtain on the geography of this great Mountain Range. Full enjoyment of it requires some information on the *National Parks*: the *Lanín*, the *Nahuel Huapí*, *Los Arrayanes*, *Los Alerces*, *Los Glaciares*, among others, offer all the delights we have described in their *forests* with game preserves, in their *ski resorts* like *Chapelco*, *Cerro Catedral* and *La Hoya*, in the enormous quantity of *lakes* with changing sceneries —*Lacar*, *Nahuel Huapí*, *Correntoso*, *Lolog*, etc.— ideal for fishing and water sports. No less attractive is the prospect of touring the Parks on horseback, in different types of boats across the lakes or over the river rapids, or of embarking on an adventure in vehicles specially equipped for roadless, rough terrain. Of the cities, *San Carlos de Bariloche*, gracing the shores of the Nahuel Huapí with alpine airs, is the lovely gateway to one of the most beautiful areas in the world. Its activity is based on year-round tourism; at the same time, it hosts the *Balseiro Institute* in the Bariloche Atomic Center, which trains engineers in nuclear energy and physicists; it also hosts the world-renowned *Camerata Bariloche* and the *Centro de Capacitación de Guardaparques* [Forest Ranger Training Center], the largest in South America. Its *handcrafted-chocolate industry* has earned international prestige. *Ushuaia*, the capital of Tierra del Fuego and the southernmost city in the world, stands today as a beacon of progress thanks to its breathtaking rate of industrialization which has also attracted a stable and enterprising population to these latitudes. Other signs of progress are the projects underway for the *production of power and irrigation* for the entire region: the *Ezequiel Ramos Mexía Dam* in *El Chocón* (for the production of one and a half million kilowatts); the *Florentino Ameghino Dam* in Chubut; the *Futaleufú Dam*, also in Chubut, which provides

power for the aluminum plant in Puerto Madryn.

The Patagonian Plateau

It is more difficult to describe *extra-andean Patagonia*, also called the *"patagonian plateau"*; these arid lands whose sandy, rocky soil is cut by entrenched, unbranching rivers, are home to the Patagonian hare or *"mara"*. This region is almost always associated with the idea of the cruel and inhospitable desert, where only the *sheep* with their thick fleeces can defy the frozen wind and live on the meager diet of its dry grasses; or with the *oil rigs* that stand upon its coasts as if to replace the non-existent trees and plant themselves even in the ocean's domain; even so, the immensity of the petroleum reserves yet untapped is obvious. All this is part of extra-andean Patagonia, but another of its facets is the *Alto Valle* [High Valley], on the upper reaches of the Negro River, where 120 kilometers along the river are dotted with people whose work and abnegation have transformed this part of the country into an unbroken ribbon of orchards; a glorious sight to view from early Spring to Autumn, from blossoming to ripening, the apple trees, the pear trees and the grapevines in these irrigated fields seem to spring like a miracle from the desert beneath the poplars' protective boughs. The same results have been harvested by the Welsh colony near the Chubut River, a few kilometers inland from the sea, where they have been able to show the difference between sterile "damned land" and land that is simply *arid* until it receives the blessings of water and man's labor. This is the language of the *great Patagonian ranches* (like the *"María Behety"* in Río Grande with its gigantic shearing shed) where men have created the best pastureland for sheep and goats, whose wool is highly valued on the international market. Its extensive seacoast with tall cliffs and only coves and bays to shelter ships, offers the unusual and unique spectacle of its *sea elephant, sea lion and penguin colonies* or the mid-June appearance of the *whalebone whale* in the Gulf of San José. One of the most populous sea lion colonies can be observed from atop a cliff in Port Pirámides on the Nuevo Gulf. The transparent waters of the Nuevo Gulf have made Puerto Madryn "the underwater capital of Argentina"; the broad Patagonian submarine platform favors great numbers of a wide variety of species of fish, a delight for *deep-sea fishing*. Petroleum production, from Neuquén to Tierra del Fuego, has not only seeded the terrain with oil rigs but has also given birth to important settlements, headed by *Comodoro Rivadavia*, (at the center of the largest oil basin in the country) whose inhabitants have diversified their activities to include *farming, ranching or commercial fishing.* The gas lines running from Comodoro Rivadavia to Buenos Aires and La Plata are only a sample of the enormous wealth of natural gas in this area. This part of Patagonia has also seen the creation of large *industrial parks,* like the *Aluar aluminum plant* in the province of Chubut. Land of the Tehuelche and Araucano tribes, it offers testimonies of the past that range from the *Petrified Forests* in Chubut and in Santa Cruz, to the *"Cueva de las Manos"* [Cave of the Hands] in the canyon of the Pinturas River, up to the recent past in the Welsh colony in *Gaimán.*

THE SIERRA

THE SIERRAS OF THE PAMPAS

This region includes parts of the provinces of Tucumán, Catamarca, La Rioja, San Juan, Santiago del Estero, Córdoba and San Luis.

Set amidst blocks of foothills, valleys and highlands —the highest called "campos" [fields] and the lower ones "llanos" [plains]— with an arid climate and a decided cultural and spiritual uniformity among its inhabitants, this region offers a variety of natural scenarios, some of them outstanding and unique.

In Tucumán, the subtropical *hillside rain forest* on the eastern slopes of the Aconquija range, climbs to 1,400 M with laurel, cedar, "tipa" [a yellow-flowered hard wood tree], walnut and lapacho [a very hard wooded tree] wrapped in lianas and creepers and decked out with orchids.

In Catamarca, the *magnificent natural amphitheater of the Valley* is one of many agricultural oases in the province and is also the site of the provincial capital, *San Fernando del Valle de Catamarca.* The view of the city from the Cuesta [Slope] del Portezuelo is a pleasure worth seeking. There are brilliant festivals of the *Virgen del Valle* [Virgin of the Valley] and the *Festival of the Poncho,* where expert weavers display their work. On the *western edge of the hills, the countryside and deep valley of Talampaya* in La Rioja displays the ghostly spectacle of its eroded "lighthouses" which extend into the Valle de la Luna in San Juan. Also in La Rioja, in fields and plains, together with the native flora of carob trees, chinars or plane trees, quebrachos [the famous break-axe tree], adorned by the "flor del aire" [a flowering parasite] that clings to their trunks, large orchards and truck gardens spring up from the irrigated soil with grapevines, olive trees and walnut groves. *Chilecito* is La Rioja's second city; it is magnificently located at the foot of the Famatina. It was at its best

in the 19th century thanks to the gold and silver mines in the region. Today, its vineyards and many wineries produce wines with a prestigious reputation. In many towns in La Rioja there are festivals throughout the year which the people of this province hold dear: the *fiesta of the "Encuentro" [Get-together]* in honor of the *Child Mayor* and of *Saint Nicholas;* the tricks and pranks *fiesta de la Chaya* during Mardi Gras; the *pilgrimage to the Pardecitas,* among others.

The *sierras of Córdoba* stretch towards the east into the Humid Pampa. Their landscape and climate have made them one of the most sought-after areas in the country, not only for tourism but also, since earliest colonial times, for permanent settlement. From *Cruz del Eje* to *Calamuchita,* and on the way, *Ascochinga, La Falda, La Cumbre, Cosquín, Villa Carlos Paz* or *Alta Gracia,* the range offers these famous resort centers clear skies, radiant sunshine, predictable rainfall, splendid vegetation, especially on its eastern slopes. These natural gifts have been improved by excellent roads and many dams, old and new, which utilize the water of its rivers and streams. Special mention must be made of the *San Roque Dam* on whose banks the summer resort of Carlos Paz lies and the *Río Tercero Dam* which presides over a system of lakes and dams in the midst of the hill country. Rich historical tradition is rooted in its towns and cities with well-preserved and valuable evidence of it in their architecture and sculpture, as on the *Jesuits' ranches in Alta Gracia* or on the *"Santa Catalina" in Ascochinga:* it has been said of the latter: "it is evident that... the author of the church was an extraordinary artist within our modest 18th-century architectural milieu"; traces of the past are also remarkable and firmly established in the speech and customs of the inhabitants.

The northern half of *San Luis* also shares the landscape of the Sierras of the Pampas. The *city of San Luis* is the capital of this province whose marked 19th-century Spanish air is showing us the signs of its progress. The *Villa de Merlo* es considered the "capital of the sierras", since it lies upon the *Comechingones Range;* from its heights the sight of the lush vegetation and sown fields of the *Conlara Valley* can be enjoyed; the wildest areas are home to a variety of native fauna: birds, pumas, lizards and others.

THE PLAINS

THE CHACO PARK

This includes all of the provinces of Formosa and Chaco and parts of Córdoba, Santiago del Estero, Tucumán, Salta and Sante Fé.

Chaco means "hunting grounds" in Quechua. The totally flat terrain rises slightly towards the Paraguay and Uruguay Rivers, thus impeding drainage of its own rivers; the forest is dense and tangled in the eastern region, replete with trees like the quebracho, viraró [red tipa], tipa [a tall, yellow-flowered hard wood tree], oak, cedar... which stand among lianas and creepers; in the forest, the clearings or "abras" are used for agriculture; flooded areas abound, some of them salty, others covered in exotic aquatic plants, where ducks, herons and flamingos live. Pumas, wildcats, ferrets, skunks, red foxes, otters and alligators among many others, prowl through the spaces of the forest which, towards the west, begins to thin out and becomes low and thorny "monte", called "The Impenetrable". In other areas, thinner forests of palm trees and God trees follow the courses of the rivers where mackerel, giant catfish and dorado thrive. In this geography, man is a protagonist: first the indigenous population, then colonial settlers and in this century, many immigrants, have helped to stimulate progress in this region.

The formerly exclusive jobs of the woodsman felling quebracho trees for the extraction of tannin or of the field hand on the cotton plantations have now been substituted by a great variety of activities ranging from rational use of the forest, diversified agriculture and selective cattle raising to the establishment of industries for producing raw material. The so-called "river diagonal" of Santiago del Estero, between the Dulce and Salado Rivers, a region with excellent arable land, has for countless centuries been an ideal place for people to settle in; the first city in Argentine territory was founded here in 1550 and is now the capital of the province.

In this part of the Chaco Park, the traveler will feel attracted in the first place by the spectacle of the forest and will be able to enjoy it fully, since the road system permits both thorough exploration and also big game hunting and fishing; the explorer may also see how the indigenous peoples live and attend the *Chaqueña Handcrafts Fair* in *Quitilipí,* as well as the *National Cotton Festival.*

THE ARGENTINE MESOPOTAMIA

It covers the provinces of Misiones, Entre Ríos and Corrientes and the Buenos Aires portion of the Paraná River Delta.

We are speaking of four provinces: four different realities, all of them nearly entirely bounded by the courses of the Paraná and Uruguay Rivers.

The Sierras and the Forest

In Misiones, the evergreen vegetation of the forest, with more than 2,000 identified species, occupies nearly the whole province, climbing over slopes of its hills and contrasting with the red soil of its land; a tangle of plants, with great trees (quebrachos, lapachos, timbos, rosewood, cherry laurel, palms, yatay [edible palms], giant ferns, lianas, orchids, shrubs and in the low, flooded parts of the forest, mosses. Its denizens are the ounce [or "snow leopard"], the wildcat, the puma, the jaguar, monkeys, coaties, anteaters, deer, tapirs, more than 400 varieties of large and small birds (cardinals, mockingbirds, parrots, toucans), and an infinity of butterflies. *Hunters* can shoot ducks and partridges, even peccaries, stags, wild boars and elk; the hunting of jaguars, pumas, anteaters, monkeys and squirrels is prohibited. Sport fishing, especially for the dorado, the fiercest game fish of all, gravitates on the *Caraguaytá National Fishing Reserve.* Of this forest, more than 50,000 hectares belong to the *Iguazú National Park and Reserve,* where the caprices of the earth's crust have formed one of the most grandiose natural spectacles in the world: the falls of the Iguazú River: the abundance and the roar of the falls, the rainbows formed by the sun that shines through the mists floating over the water and the virgin forest that serves as its backdrop, make them part of our national treasure and the world's as well. Misiones is a land of hard work and pioneers. Already in the 17th and 18th centuries, the missionary fathers of the Compañía de Jesús established ten *settlements of converted Indians* there, models of political, economic and religious organization; of these, one of the most remarkable was *San Ignacio Miní, 25 kilometers from Posadas,* the provincial capital, whose ruins, some of them very well preserved, surprise the traveler. The abnegated *"mensús"* [Paraguayan immigrant workers] who hacked the first trails in the forest to harvest the natural yerba maté [a kind of green tea], have been followed by immigrants, especially Germans from Brazil, who have enriched the economic life of Misiones with flourishing agricultural colonies like *El Dorado.* Yerba maté, tea, mandioca, tung, tobacco and citrus fruits are objects of a diverse and technified agriculture which is displacing the forest providing raw material for important agroindustries. The rational exploitation of pine trees whose fibers are appropriate for paper manufacture is evidenced by the important industrial plants at *Port Pirai* and *Port Mineral.*

The Estuary

On arriving in Corrientes, it is the gentle lilt of the Guaraní language heard in the conversation of its bilingual inhabitants that makes the first impression. This charm permeates everything. As if enchanted you slowly discover how *tradition* and *patriotic feeling* spring naturally from each person, from the towns and cities, on the roads, from the churches and monuments. It is difficult to separate the things from their spirit. The geography, depressed in the center and covered by the estuary of the Iberá where the cayman and the royal water lily reign undisputed, rises up on the edges and falls down picturesque slopes toward the two great rivers, the Paraná and the Uruguay, which embrace it. The tropical forest covers the high points and slips down to the south along the riverbanks. The *rice* plantations on the edge of the estuaries, the river waters incredibly colored by the *oranges* they carry down toward the selection and processing centers, the *tobacco* plantations, the *mandioca* expected in each home for the quasi-ritual *"chipá"* [mandioca bread]: all is part of this land of Corrientes. Fishing for the dorado or "pirayú" becomes an international tournament in Paso de la Patria for fishermen from afar who get together there each year. The cock fights in Goya are also events that attract big audiences, spectators as well as betters... During his stay in Corrientes, the traveler usually finds himself in the midst of one of the celebrations that frequently shake up the inhabitants' quiet pace: of the religious ones, the show of piety in *the festivals of Nuestra Señora de Itatí and of the Cruz del Milagro [Miraculous Cross];* festive and dazzlingly colorful, the Corrientes Mardi Gras, whose fame has gone beyond provincial boundaries; as a tribute to man's labor: the *National Tea Festival* in Oberá, the *Tobacco Festival* in Goya, the *Orange Festival* in Bella Vista; in August, the tribute to the Liberator, General José de San Martín in all of Corrientes and especially in *Yapeyú* where he was born; the grenadiers who accompanied him on his campaigns were also from Corrientes.

The southern part of Corrientes, from the city of Mercedes down, due to its special characteristics, must be included in the so-called "subregion of the hillocks of Entre Ríos".

The Hillocks

From the south of Corrientes to the Paraná River delta, there is a land of hillocks (whose maximum height barely supasses 100 meters) with a benign climate and abundant black soil for crops. The forest of Entre Ríos, at one time called the *forest of Montiel,* has lost its former loveliness, but still survives in the form of "forest galleries" [the dense tunnels formed over the rivers by the overhanging vegetation] of willows, silk cotton trees, tolas and nandubays that follow the course of the rivers that bathe the *grassy prairie.* On the Uruguay River there are palm groves, the most outstanding being in the *"El Palmar" National Park and Reserve* in Colón, with thousands of *yatay palms,* some of them more than 800 years old (a few specimens are petrified), that grow with mosses and ferns in the midst of a splendid and mysterious landscape of prairies, dunes and streams. Because of the quality of its soil and climate, Entre Ríos is part of the richest farming and ranching area in the country, evidenced by its abundant harvests of grains and flax, its prodigious production of citrus fruits, its numbers of select livestock and nearly half the country's total poultry production. Agroindustry follows the rhythms of primary production. Originally lands of the Guaranis and the Charruas, the Hispanic population was later joined by other European immigrants, especially Germans at mid-century; of these, the German colonies in Gualeguaychú are the charming testimony. The patriotic armies marched through this land and it lent battlefields in the struggles for national organization. Of its cities, *Concepción del Uruguay* was the provincial capital until 1883; its *National High School* educated distinguished national figures. A few kilometers from Concepción the *San José Palace,* an imposing residence bult by General Justo José de Urquiza, may be visited. *Paraná,* on the cliffs above the river, is connected with Santa Fe by the *Hernandarias tunnel,* more than 2,900 meters long; placed in a strategic location in the midst of splendid natural vegetation, the city of Paraná was at one time a defensive bastion against the enemy. Other infrastructure projects that have been completed include the *Zárate-Brazo Largo road-and-rail bridge,* which is of vital importance in the communication between the Mesopotamia and the rest of the country, and also the *Salto Grande* Hydroelectric complex, a joint venture shared by Argentina and Uruguay.

The Paraná Delta

Less than 30 kilometers from Buenos Aires' city center, one of the most beautiful sights in the country can be discovered. Before flowing into the River Plate, the Paraná turns east and divides into various tributaries and these into canals and streams that acquire different names and surround a myriad of densely forested islands. Everything contributes to the rhythm and color of the landscape: the green of the trees, the crimson of the ceibo flower, the orrange orchards, the water that in some places is transparent green, the sails of the yachts, the colorful products being shipped; the ceaseless fluttering of the birds, the sweet rocking of the willows that bathe their branches from the banks, the boisterous hubbub on the launches carrying schoolchildren, the tooting of the whistles and sirens of the omnibus launches, the foamy wakes of the myriads of boats. On the islands, construction is diverse and varied: docks and picturesque homes which, like lake dwellings, drive their piles into the river-bottom; among these, the riverside inns and "recreos" [restaurants with large gardens]. As a center for leisure, the Delta offers not only the simple pleasure of gliding over the water in taxi or omnibus boats, but also a whole range of water sports sponsored by prestigious institutions: rowing, water skiing, motor boating, sailing, windsurfing; there is also fishing and small game hunting. The Delta is home to a stable population; of the original inhabitants all that remains is the names of the places; there are no urban centers, except a few that have sprung up with the construction of the Zárate - Brazo Largo Complex. Work is hard, the land floods and man must build up retaining walls for the soil that nourishes fruit trees and vegetables, as well as *New Zealand flax* and *osier willows*. But the most concentrated effort is reserved for the plantations of pine trees that yield the type of cellulose suitable for paper manufacturing. their great ally is the climate.

THE PAMPA

This includes the *Humid Pampa*, three-quarters of the total area of the region, and the *Dry Pampa or steppe*; it covers nearly all of the provinces of Buenos Aires and La Pampa and part of the provinces of San Luis, Córdoba and Santa Fe.

Many people speak of the Pampa as if to describe all of Argentina; it is difficult to correct this error, especially if the traveler has come in through Buenos Aires. Who can persuade him that these 700,000 square kilometers of "pampa" —nearly twenty percent of the national territory— are *not all* the country? Its flat land, softly undulating in the north and northeast, somewhat depressed in the center, becomes a highland when it reaches the Córdoba sierras. It is broken only by the Tandilia and Ventanika sierras. South of the cliffs on the Paraná and the River Plate, the coastline is low, with dunes and beaches and some stretches of rocks with cliffs. The temperate, humid climate in nearly all the region favors the growth of *pasture* with tender grasses. *Pampa* means "treeless land". There are forests only on the edges of the region: fragments of the forest near the Paraná River and vegetation of the *monte* with low scrub and tough grass to the southeast on the *steppe*. In general, it is a monotonous natural landscape without the stridencies of the other regions. But

Man has modified the scenario of the Pampa: millions of trees brought from all over the world – pines, poplars, chinaberry trees, eucalypts, myrrh trees, palms – create the illusion of real native forests; the well-worked fields add different colors that change with the seasons and the variety of crops: from flax to sunflower, fine grains and forrage or the blossoms of fruit trees; all set in immense spaces that fade into the horizon. This "natural" landscape is filled out by the thousands of head of cattle grazing in the alfalfa fields and by the tall silos and beautiful houses of the farming-ranching establishments – one of the most beautiful of these is the house on "La Biznaga" in Roque Pérez – and also the modest ranchos beneath their shade trees. The common man of the Pampa, our *gaucho*, a skilled rider and anonymous hero in the struggle for our Independence, preserves customs and traditions that make him a symbol of this region; he holds to his attire, the inevitable poncho and broad-brimmed felt hat, to his facon [knife], to his saddle gear, to his round-the-clock maté and to the treat of "a good barbecue"… This bucolic atmosphere is nowadays broken by the proliferation of spaces developed for industry, since 85% of the country's production comes from the manufacturing centers of the Pampa. This is the main factor determining the *unequal population distribution:* very thin in the rural towns and cities in the interior; over-crowded in the periferal cities like *Córdoba, Rosario, Buenos Aires, Bahía Blanca,* etc. and their respective industrialized suburbs and, except Córdoba, busy ports.

Because of its immensity, it is difficult to take in the whole Pampa in a short time. The traveler can delight in the spectacle of its fields once he or she has left the urban centers a few kilometers behind and also enjoy the traditions and customs of rural life there. If we look at the country's history, each place has a story to tell. The foundation of its cities – Santa Fe, Córdoba, Buenos Aires – the threat of the Indian raids, the conquest of the desert, the internal strife for the establishment of the Nation, have made each city, each town a protagonist. Some take pride in having begun as simple fortified outposts on the edge of the desert; others, like the *city of Córdoba*, preserve the testimony of the past nearly intact. This is the gateway to the region of the sierras; it also presides over the entrance to the plains, especially toward the Pampa. Because of its strategic location and easily exploited natural resources it has been a center of attraction for settlement since its foundation in 1573. An active cultural and religious center, this fact is evidenced by the *Cathedral*, a jewel of Spanish-American architecture, and by the

Church and *School of the Compañía de Jesús*, the building of the *University*, the *Cabildo*, all built in the 17th century, and by the convents and lordly houses bearing the stamp of Spanish influence and telling of a past that was rich in every sense. Córdoba is now the seat of the *University of Córdoba* and of many other cultural institutions, in the vanguard of the economy of *an extensive farming and ranching area*, the second most populous city in the country and *one of its main industrial centers;* the process of industrialization has in the last thirty years trasformed Córdoba into a big city, not only because of the number of inhabitants that doubled in a short time, but also because of the consequent accumulation of a diversity of activities. Other centers of attraction for a temporary population are the seaside resort cities on the Atlantic coast, *Mar del Plata* being the largest summer resort center in the country. Set in a privileged area, (with an excellent "microclimate") its beauty can be defined as much by the ocean bathing its wide and numerous beaches as by the particular tastefulness of its buildings, the flowers that grace its gardens or its big-city bearing. An interesting visit for experts and amateurs alike is the "Ojo de Agua" Stud Farm in *El Dorado*, near Lake La Brava; it has garnered well-deserved fame for having selectively produced thoroughbred race horses which have won the most important races.

Rosario, the country's third city in population shows us its port with pride, since it receives products from the north and from the center of the Republic, channeling them to the Plate and on to the Ocean. The special idiosyncrasy of those living in Rosario, most of them of Italian origin, has made this city a vigorous center of work and progress which can be seen in its parks and avenues and in its modern buildings. In Belgrano Park, the Monument to the national flag and its creator – the work of several Argentine sculptors – surrounds the place where it was unfurled for the first time; Independencia Park is one of the largest and most beautiful in the country. In *Santa Fe*, besides its capital founded by Juan de Garay even before he founded Buenos Aires, we must mention *Esperanza, the first Argentine agricultural colony*, founded in 1856 by Aaron Castellanos.

It is no coincidence that we have concluded this brief survey of what Argentina is and what it offers as a country with the region of the Pampa; it suits Aldo Sessa's opportune idea of ending the series of photos he has included in this book with three magnificent shots he took on the "Don Manuel" Ranch in Rancul, precisely in the province of La Pampa. In them, the light of the campfire ringed by the cowhands, maté and guitar in hand, replaces the light of the sun.

Participaron en la realización de este libro:

Daniel Núñez: Producción gráfica

Luis Sessa: Asistente de producción
Teresita Sessa: Asistente de producción
Carlos Buezas: Asistente de producción
Carolina Sessa: Diseño gráfico de sobrecubierta
Marta L. Girolli: Administración y ventas
Gonzalo de Torre: Secretaría

Miguel de Torre Borges: Cuidado de la edición

Lisl Steiner: Representante editorial en EE.UU.

Elsa Insogna: texto, investigación sobre los temas fotografiados,
elaboración de las referencias correspondientes y dirección cartográfica
Susan Rogers: Traducción al inglés
Guillermo Turco Greco: Cartografía

Taller de Aldo Sessa: Producción y dirección general

Ina Lorsch: Revelado de reversible color y copias
Custom Color: Revelado de reversible color

Photo Lettering S.A.: Fotocromía
Cochrane S.A.: Impresión y encuadernación
Tipú: Fotocomposición

Las fotografías fueron tomadas en su totalidad con películas
KODAK EKTACHROME 100 PLUS y EKTACHROME 200,
gentilmente facilitadas por Kodak Argentina S.A.I.C.

Las fotografías de este libro forman parte del
BANCO DE IMAGENES DE ALDO SESSA.
Pasaje El Lazo 3136, Buenos Aires (1425), República Argentina.
Tel. 802-7544. Fax (54-1) 803-9071.

Primera edición: 8 de abril de 1991.
Segunda edición: 6 de abril 1992.
Esta Tercera edición de "ARGENTINA FOR EXPORT", con fotografías de Aldo Sessa,
se terminó de imprimir el 3 de mayo de 1993 en Santiago de Chile.